JN411509

숨은 행복 찾기

숨은 행복 찾기

2023년 2월 7일 교회인가
2023년 3월 8일 1판 1쇄 발행
2025년 1월 10일 1판 5쇄 발행

지은이 | 이충무
펴낸이 | 이은아
펴낸곳 | 바오로딸

01166 서울 강북구 오현로7길 34
등록 | 제7-5호 1964년 10월 15일
전화 | 02) 944-0800 팩스 | 987-5275

취급처 | 중앙보급소
전화 | 02) 984-3611 팩스 | 984-3612

값 12,000원

이메일 | edit@pauline.or.kr
인터넷 서점 | www.pauline.or.kr 02) 944-0944
ISBN 978-89-331-1505-3 03810

이충무 지음

한없이 그리운 어머님께

저자의 말

‘혼자’ 아닌 ‘여럿’이라 가능한 일

글을 쓰기 시작하면 ‘혼자’임을 실감합니다. 혼자 생각한 것 같고, 혼자 다듬었으며, 혼자서 끙끙거리며 한 글자 한 글자 써 내려갔으니 그럴 만도 합니다. 하지만 놀랍게도 글이 완성되고 나면 ‘혼자’는 사라지고 ‘여럿’만이 남습니다.

어느 순간 저의 생각을 깨우는 사람들, 단어를 선택하고 문장을 수정하는 기준이 되어주는 사람들, 그리고 궁극적으로 제 이야기에 귀를 기울여 줄 미지의 사람들…. 이 모든 사람들이 ‘공동 집필자’임을 깨닫게 됩니다.

제 글에는 공동 집필자 두 분이 더 계십니다. 어머님과 주님이십니다.
하루도 빠지지 않고 어머님과 나눈 대화로 제 글이 생겨났고, 매일 밤 주님의 말씀을 묵상하며 제 글이 완성되어 갔기 때문입니다.
이제는 곁에 계시지 않지만, 누구보다 기뻐하실 어머님께 이 책을 바치려 합니다.

글이 책으로 세상에 나오려면 이 또한 '혼자'가 아니라 '여럿'이어야 합니다.
한결같은 믿음과 따뜻한 마음으로 저의 부족한 글을 보듬어 주신 대전교구 홍보국 식구들과 바오로딸의 소중한 분들에게 감사의 마음을 전합니다.
저는 오늘도 또 하나의 숨은 행복을 발견하는 기쁨 안에 머무릅니다.

이충무 바오로

먼저 따듯한 말 한마디

건네주는 그 누군가가

바로 당신이기를….

차례

걷기 명상

저녁마다 나는 가파른 언덕 아래로 내려갔다가 다시 올라오는 먼 길을 걸었다. 물론 올라올 때는 숨이 가빴다. 그래서 차츰 내 걸음에 호흡을 맞추게 되었다. 나는 숨을 쉴 때마다 '아름다움'을 들이쉬고 내쉴 때마다 '돌려드림'을 내쉬는 나를 보았다.

리처드 로어, 「벌거벗은 지금」 중에서

리처드 로어 신부님의 걷기 명상에 대한 글입니다.
한결 따뜻해진 날씨라 야트막한 뒷동산이라도 돌아볼까

하는 생각에 집을 나서다 문득 떠올랐습니다.
너무 마음에 와닿아 밑줄까지 그어가며 읽었지만, 직접 걸어보면서 그 글의 느낌을 체험해 본 적은 없었기에 어느 때보다 산책길을 나서는 마음이 설레었습니다.

걷다 보니 처음엔 명상이고 뭐고 생각할 여유가 없었는데, 다리에 힘이 조금씩 빠져 걷는 속도가 느려지자 숨을 들이쉬고 내쉬는 느낌이 서서히 얼굴을 감싸기 시작했습니다.
그 순간 숨을 들이마실 때 코로 단지 공기만 들어오는 것이 아님을 알았습니다. 어딘가에서 날아온 풀의 숨결, 바람의 온기, 구름의 그림자까지 폐 속 깊숙이 들어오고 있었습니다.
반대로 숨을 내쉴 때 제 몸을 돌아 나가는 건 공기만이 아니었습니다. 풀의 숨결에 감사의 기도가 섞이고, 바람의 온기에 평화가 실려 나가고 있었습니다.

태어나면서 첫 숨을 들이마시고 지금까지 하느님과 제가 사이좋게 함께 호흡을 맞추며 살아왔음이 느껴지는 순간이 진짜 봄날이라는 생각이 듭니다.

빨리 걸어야 운동 효과가 있다고 하지만, 저는 느리게 걸으면서 비만해진 제 영혼의 혼탁함을 줄이는 명상 효과를 얻어보렵니다.

최단 시간 안에 친구를 만드는 법

오 헨리의 단편소설 가운데 「세상 사람은 모두 친구」라는 작품이 있습니다. 강도가 어떤 집에 침입했는데 집주인과 친구가 된 이야기를 유쾌하게 그린 소설입니다. 줄거리를 요약하자면 다음과 같습니다.

몰래 남의 집에 침입한 강도는 불운하게도 집주인과 마주치게 됩니다. 당황한 강도는 주인에게 총을 겨누며 꼼짝 말고 두 손을 머리 위로 올리라고 소리칩니다. 그런데 집주인은 어쩐 일인지 오른손만 들고 왼손은 들지 않는 겁니다. 그를 보고 격분한 강도가 다시 한번 왼손도 들라며 협박합니다. 그러자 집주인은 어깨에 류머티즘이 걸려서 왼손을 올릴 수 없다고 하소연을 하지요.
그 말에 강도는 자신도 왼쪽 팔에 류머티즘이 걸려 고생하고 있다고 바로 맞장구를 칩니다. 그 순간부터 두 사람은 잠시 자신들의 관계를 잊고, 류머티즘이 얼마나 지긋지긋한지, 좋은 약은 써봤는지, 어떤 약이 엉터리인지, 증상이 밤에 심한지 낮에 심한지, 서로 신나게 이야기를 나눕니다.
결국 두 사람은 통증을 잊는 데에는 술이 최고라며 밖에 나가 한잔하기로 의기투합하고, 강도는 자신이 먼저 술 제안을 했으니 술값을 내겠다고 허세를 부리는 것으로 이야기는 마무리됩니다.

공감은 도둑마저도 친구로 만들어 주는 놀라운 무기가 된다는 이야기입니다.
"너도 그랬어? 나도 그랬는데!!!"라는 마음만 있으면 이미 사람과 사람 사이의 벽은 반쯤 무너진 것과 같습니다. 타인과 친구 관계를 맺기 위해 애써 고생하기보다, 함께 공유할 수 있는 단 한 가지의 고통에 공감하기만 하면 친구 한 사람이 생기게 되는 놀라운 신비.
하느님은 참으로 간단한 친구 맺기의 비결을 주셨는데, 우리 스스로가 복잡하게 계산하며 타인을 자꾸만 마음 밖으로 밀어내는 건 아닌지 돌아보게 됩니다.

기와 한 장의 의미

제 주변에 문화재 시설 수리 일을 하는 분이 있습니다. 주로 문화재 '기와'를 관리하고 있었는데, 좀 특이해 보이는 일이라 어떻게 해서 기와에 관심을 가지게 되었는지 물어봤습니다. 대답은 이랬습니다.

"건물에서 중요하지 않은 곳은 없지만, 기와 한 장이 갖는 의미는 정말 특별해요. 건물 한 채가 기와 한 장 때문에 무너질 수도 있거든요."

제가 무슨 말인지 잘 이해하지 못하자 설명을 이어갔습니다.

"어느 날 지붕 위에 올라가 봤더니 기와에 가는 금이 가 있었어요. 바로 그 금이 간 곳을 통해서 빗물이 지붕 아래로 스며들고, 건물의 나무 기둥까지 썩게 하는 거예요. 기와만 잘 관리해도 건물은 튼튼하게 오래 버틸 수 있다는 걸 그때 깨달았죠."

기와에 대한 그분의 자부심은 참으로 대단했습니다. 기와 한 장이라도 관심을 갖고 최선을 다해 관리하는 것이 바로 문화재를 지키고 보존하는 일이라는 믿음이 확고해 보였지요.

집으로 돌아오는 길에 문득 주님의 손길이 느껴졌습니다. 삶의 희로애락이 담겨있는 제 '마음의 집'이 떠올랐기 때문입니다.

마음의 집에 문제가 생겨 도움을 요청드릴 때마다, 주님은 기둥이 썩어가고 있다고 기둥을 바꿔주진 않으셨습니다.

주님은 나도 모르게 조용히 다가와 기와 한 장의 금이

간 곳을 찾아 메꾸어 주셨던 것입니다. 제 눈엔 보이지 도 않는 그 빈틈을 채워주신 겁니다.

주님, 여기저기 하자가 많은 제 마음의 집을 돌봐주셔서 감사드립니다. 앞으로는 주님께서 지붕에 오르시는 수고를 덜어드리는 착한 사람이 되겠습니다.

스몰 챌린지

작고 사소한 목표를 정하고 이를 이루기 위해 노력하는 사람들이 있습니다. 그런 사람들의 도전을 '스몰 챌린지'라고 합니다.
3일 동안 일회용 컵 쓰지 않기, 엘리베이터를 이용하지 않고 일주일 살기, 휴대폰을 보지 않고 친구랑 최소한 30분씩 대화하기 등이 그 예들이라고 할 수 있겠지요.

거창하진 않지만, 이 작은 목표를 대하는 그들의 태도는 사뭇 진지합니다. 조금만 노력하면 짜릿한 성취감은 물론, 일단 스몰 챌린지에 성공하고 나면 자신감과 이제껏 없던 좋은 습관 하나가 생기는 덤까지 얻을 수 있지요.
도전이라고 하면 대체로 우리는 낮고 가까운 곳보다 높고 먼 곳에 목표 지점을 정합니다. 가야 할 곳은 아름답지만, 문제는 그곳에 도달하기엔 너무 많은 장애물이 있다는 것입니다.
작심삼일은 의지의 문제이기도 하지만, 어쩌면 목표의 문제일 수도 있습니다. 사흘만이라도 지킬 수 있는 일에 도전한다면 그 작은 성취감이 큰 도전의 씨앗이 될 수도 있습니다.

이번 사순 때엔 스몰 챌린지에 도전하면 어떨까요? 일주일에 세 번 옆집 사람을 위해 기도하기, 한 달간 주일미사에 가장 먼저 가서 제일 늦게 나오기, 하루 한 곡씩 좋아하는 성가 가사의 의미를 생각하며 불러보기….
시작이 반이 아니라, 시작 그 자체로서 하나가 완성되는 기쁨으로 부활절을 맞이하면 좋겠습니다.

덜어내기로 새로워지기

1. 한 번도 안 해본 일을 새롭게 시작한다.
2. 지금까지 해온 일들 중 불필요한 일을 멈춘다.

이 두 가지 중에서 어떤 일이 더 어려울까요?
둘 다 쉬워 보이진 않지만, 개인적으로는 후자가 전자에 비해 조금 더 어렵지 않을까 하는 생각이 듭니다.
왜냐하면 미지의 일을 시작하고자 하는 용기보다, 습관적으로 반복해 온 일에 대한 타성을 버리는 결단이 생각보다 만만치 않기 때문입니다.

사람들은 문제 해결을 위해 자주 회의를 합니다. 그런데 그 시간은 늘 이런 말들로 채워지지요.

“뭐 새로운 것 좀 없나요?”

획기적이고 새로운 해결책을 찾느라 시간을 소모하는 회의에 참석하다 보면 문득 이런 의문이 듭니다.

‘왜 해오던 일들 중 정말 불필요한 일이 무엇인지는 논의하지 않을까?’

새 옷이 필요하다면 우선 있는 옷들 가운데 불필요한 옷부터 정리하는 게 순서일 겁니다. 그렇지 않으면 옷장은 새 옷에 대한 욕망으로 자꾸만 비좁아질 수밖에 없기 때문입니다.

정리의 달인 곤도 마리에는 “설레지 않으면 버려라”라는 말 한마디로 정리의 비법을 요약해 많은 사람들에게 공감을 얻어냈습니다.

설렘이 없는데도 그저 버리기 아까워 움켜쥐고 있는 건 물건만이 아닐 겁니다. 한 무더기 쌓여있는 우리 안의 낡은 욕망은 생각보다 무겁고 다양합니다.

아무런 느낌 없이 반복된 타성의 옷을 버리고, 진정한 설렘으로 이웃을 만나고 진정한 기쁨으로 서로 사랑하기 위한 새로운 일상을 준비할 때입니다.

주변을 한번 둘러보세요,

나의 작은 사랑이

닿을 수 있도록….

등을 내어주신 분들

잘 알고 지내는 수녀님으로부터 귀한 선물을 받았습니다. 작은 액자에 담겨있는 직접 그린 그림 한 점이었습니다.

아기를 등에 업고 있는 한복 차림의 단아한 어머니의 모습…. 어머니 등에 기대어 편안하게 잠들어 있는 아기의 얼굴이 정말 평화로워 보였습니다.

수녀님은 제게 그림을 건네며 이렇게 말했습니다.

"이 아기가 바로 성모님의 사랑을 받는 우리 모습이에요."

성모님이 아기 예수님을 업고 계신 모습을 상상하며 그린 그림 안에는 말로 표현할 수 없는 따뜻한 사랑이 깃들어 있었습니다.
비록 아기의 모습으로 되돌아갈 수는 없지만, 그림을 보면서 엄마의 등에 업혀 잠들었을 때의 저를 떠올려 봅니다.
문득 이런 생각이 들었습니다. 예수님께서 세상 곳곳에 여러 모습으로 살아계신 것처럼, 성모님 또한 다양한 모습으로 우리에게 포근한 평화를 주고 계시다는 생각 말입니다.

이제부터 성모님 앞에서 기도를 드릴 때, 언제라도 기꺼이 자신의 등을 내어준 모든 분들을 기억하며 기도해야겠습니다. 그 고마운 분들이 모두 성모님이시니까요.
성모 성월인 5월, 그 어떤 때보다 행복하게 보내고 싶습니다. 얼굴 하나 기댈 수 있는 작은 품 안에 담긴 성모님의 충만한 사랑에 감사하면서 말입니다.

이유가 같다면 사랑이다

얼마 전 영화 <너의 췌장을 먹고 싶어>를 보았습니다. 너무 엽기적인 제목이라 보고 싶은 마음이 전혀 없었는데, 강의를 해야 해서 할 수 없이 보게 된 겁니다.

제목과 달리 소년과 소녀 사이의 순수한 사랑을 다룬 내용이라 무척 놀랐습니다. 감독의 섬세함과 배우들의 풋풋한 연기, 그리고 맛깔나는 대사들도 기대 이상이었지요.

그중 제 기억 속에 오래도록 남는 장면이 하나 있습니다. 장난기 많은 소녀가 수줍음 많은 소년에게 첫사랑을 언제 해봤는지 말해달라고 조르는 장면입니다.
자꾸만 짓궂게 다그치는 소녀에게 소년은 조심스럽게 첫사랑에 대해 이야기합니다.
"그 애는 특이한 데가 하나 있었어. 세상 모든 것들에 '님'이라는 호칭을 붙여 불렀거든. 의자님, 운동화님, 나무님…. 모든 것을 존중하려는 그 애의 모습이 참 좋아 보였어."
그 얘기를 듣고 소녀가 놀랍다고 말합니다. 자신에게 첫사랑이 있었다는 사실이 놀라운 일이냐고 소년이 묻자, 소녀는 고개를 가로저으며 이렇게 대답합니다.
"네게 첫사랑이 있었다는 것 때문에 놀란 게 아니라, 네가 그 애를 좋아하게 된 그 이유에 놀란 거야."
한 사람을 사랑하게 된 소년의 그 이유에 동감하면서 소녀는 그를 좋아하기 시작하지요.

소녀의 그 말 한마디는 제게 중요한 사실을 깨닫게 했습니다. 무엇을 했는가가 아니라, 그것을 왜 했는가에 공감할 때 사랑이 싹트기 시작한다는 사실 말입니다.

'무엇을 좋아하느냐, 무엇을 할 거냐, 무엇을 할 줄 아느냐'고 자꾸 묻는 사회보다, '그것을 왜 하려고 하는지'를 묻는 사회가 건강하고 따뜻한 사회일 거라는 생각이 듭니다.

'왜'를 묻는 사람들과 그것을 귀담아듣는 사람들이 서로 사랑하는 사회를 꿈꿔봅니다.

기억하고 행한다는 것

미사 중에 예수님께서 이렇게 말씀하십니다.
"너희는 나를 기억하여 이를 행하여라."

이 말씀을 기준으로 하면, 사람들을 다음과 같이 네 가지 유형으로 분류해 볼 수 있을 것 같습니다.

1. 기억도 못 하고 행하지도 않는 사람
2. 기억은 하는데 행하지 않는 사람
3. 행하기는 하는데 기억하지 못하는 사람
4. 기억하며 그것을 그대로 행하는 사람

첫째, 기억도 못 하고 행하지도 않는 사람은 방향감각을 상실한 사람입니다. 하루하루를 살아가며 오늘은 이리로 내일은 저리로, 무엇이 중요한지 알지 못한 채 좌충우돌하며 걸어갑니다.

둘째, 기억은 하는데 행하지 않는 사람은 나태한 사람입니다. 분명히 머리로는 무엇이 옳은지 잘 알고 있지만, 막상 그것을 행동으로 옮기는 데 늘 주저하며 자신의 게으름을 합리화합니다.

셋째, 행하기는 하지만 기억하지 못하는 사람은 타성에 젖은 사람입니다. 어떤 행동을 반복하다 보면 그 행동에 익숙해지고, 결국 그 익숙함으로 행동의 본래 의미를 망각하기 쉽습니다.

넷째, 기억하며 그것을 그대로 행하는 사람은 마음이 평화로운 사람입니다. 속된 욕망에 흔들리지 않고, 언제나 한결같은 마음으로 하루하루를 기쁘게 살아갈 수 있기 때문입니다.

한 살 더 먹으니 왠지 기억력도 예전 같지 않고, 매사가 귀찮아지기도 합니다. 지금이 다시 한번 '나를 기억하여 이를 행하여라'는 주님 말씀에 온 마음을 집중해야 할 때이지 싶습니다.

애피타이저 즐기기

차를 운전하고 가면서 문득 라디오 방송이 듣고 싶어졌습니다. 여기저기 채널을 돌리다 진행자의 차분한 목소리에 이끌려 오랜만에 클래식 음악 방송을 듣게 되었습니다.

진행자는 '애피타이저'라는 음식에 관련된 용어를 설명하고 있었는데, 때마침 배가 고파서 그랬는지 그의 설명이 귀에 쏙쏙 들어왔습니다.

본격적으로 음식을 먹기 전에 입맛을 돋우기 위해 먹는 간단한 식전 요리로만 알고 있던 애피타이저에 대해서 방송을 통해 새롭게 알게 된 사실은, 프랑스어로는 '오르되브르'라고 한다는 것, 양이 적은 대신 고급 재료를 주로 사용한다는 것, 맛있다고 너무 많이 먹으면 오히려 식욕이 떨어진다는 것 등입니다.
그리고 하나가 더 있습니다. 진행자는 전혀 예상치 못했던 또 다른 뜻을 알려주었습니다.
"큰 욕망을 자극하는 작은 자극."

여행을 떠나기 전에 선글라스를 고르는 일, 본격적으로 공부하기 전에 책상 정리를 하는 일, 첫 직장에서 일하기 전에 내 명함을 받게 되는 일…, 이 모든 일들이 우리 삶에서 애피타이저가 되어줍니다.
자리에 앉자마자 바로 식사부터 해야 되는 바쁜 일상생활 속에서 매번 애피타이저를 준비하는 건 불가능한 일이지요.
하지만 서로 얼굴을 바라보며 짧게라도 다정한 말을 주고받는다면, 기쁜 마음으로 식사 전 기도를 올린다면,

그것만으로도 한 끼 식사의 훌륭한 애피타이저가 되지 않을까요?
오늘 저녁 식사 때에는 잊지 말고 가족들과 함께 식사 전 기도를 해야겠습니다. 라디오 진행자의 목소리만큼 차분하면서도 부드럽게.

치약 두 개의 평화

오랜만에 결혼식장에서 만난 친구가 문득 자신의 신혼 시절이 떠올랐는지 일화 하나를 화제에 올렸습니다.
"아내는 나보고 치약을 왜 위에서부터 짜서 쓰냐고 뭐라 하고, 나는 치약을 아래에서부터 짜야 하는 법이 어디 있냐고 따지고, 서로 한 치의 양보도 없이 한 시간 넘게 아옹다옹했었어."
그때는 무슨 힘이 남아서 그랬는지 모르겠다며, 결혼 생활은 어쩌면 한 편의 코미디와 다를 바 없다고 말하는 친구에게 궁금해서 물어봤습니다.

"그래서 지금은 치약을 어떻게 짜서 쓰는데?"
돌아온 친구의 대답.
"지금? 그야… 치약 두 개를 사서 각자 쓰고 싶은 방식으로 쓰지!"

당연히 지금쯤이면 한쪽이 한쪽에게 양보해서, 결국 어느 한쪽의 방식대로 한 개의 치약을 쓰고 있을 거라는 제 예상은 보기 좋게 빗나갔습니다.
그런데 친구의 얼굴은 의외로 매우 평화롭게 보였습니다. 평화란 하나가 되는 것이 아니라 인정하고 공존하는 법을 터득하면 얻게 된다는, 그런 표정이었습니다.
세면대 옆에 나란히 놓여있는 두 개의 치약은 부부 사이에 문제가 있다는 표시가 아니라 서로가 서로의 방식을 존중한다는, 진정한 애정 표현이라는 친구의 말에 묘하게 고개가 끄덕여지는 건 어떤 이유에서일까요?
'내게 강 같은 평화'는 서로 다름을 쿨하게 인정하는 순간에 넘쳐나나 봅니다.

진짜 팀의 탄생

혹자는 우리에게 "너희는 잘하지만 너희가 나설 곳은 아니다"라고 말했습니다. 그렇지만 잘하는 사람들이 모여 팀을 이루는 것이 아니라, 자기가 가진 가장 소중한 것을 포기할 수 있는 사람들이 모여 만든 것이 팀이라고 생각합니다.

2011년 '슈퍼스타K3'에서 최종 우승 팀으로 뽑힌 울랄라세션의 리더 임윤택 씨가 울먹이면서 말한 수상 소감입니다. 당시 이 말은 많은 사람들의 마음을 움직였습니다.

15년 무명의 시간을 팀원들과 함께 꿋꿋하게 걸어온 그의 진실한 고백이었기 때문입니다.
대부분 아무리 친한 사람끼리라도 한 팀을 이루게 되면 그렇게 오래가기가 참 쉽지 않지요. 여기저기서 갈등이 표출되고, 서로 의견이 맞지 않아 팀은 해체될 위기에 처하기도 합니다.
특히 잘 나갈 때는 큰 문제가 없지만, 상황이 어려워지면 갈등은 더 심각하게 증폭됩니다. 결국 좋았던 사람끼리 원망하며 등을 돌리는 경우를 심심찮게 볼 수 있지요.

울랄라세션을 통해 팀이 어떻게 탄생되는지를 깨닫게 되었습니다. 팀은 특공대가 아닙니다. 각자 특기를 가진 사람들이 모였다고 팀이 유지되는 건 아닙니다.
각자 잘할 수 있는 것만을 고집하지 않고, 상대방과 조화를 이루기 위해 자기 것을 내려놓을 때 비로소 진정한 팀이 만들어지는 겁니다.

인생은 평생 어떤 팀에 속한 팀원으로 살아가는 것과 같습니다. 가족, 학교, 직장 그 어디에서나 우리는 팀을 이룹니다. 행복한 팀워크를 위해 무엇을 할지는 우리 선택에 달려있습니다.

요리 보고 조리 봐야

스승이 제자들 앞에 사과 하나를 들고 나타나 묻습니다.

"너희는 여기 사과가 있다고 생각하느냐?"

너무나 당연한 사실을 묻는 스승을 향해 제자들은 일제히 그렇다고 답합니다.

그러자 스승은 또다시 이야기합니다.

"그럼, 그 사과를 설명해 보아라."

사과를 정면에서 보고 있던 제자가 먼저 말합니다.

"둥글고 빨갛습니다."

그러자 사과의 덜 익은 쪽을 보던 제자가 대답합니다.

"갸름하고 허옇습니다."

사과를 위에서 내려다보던 제자도 대답합니다.

"가운데 움푹 파인 곳이 있고 갈색입니다."

스승이 되묻습니다.

"그럼, 그중에 과연 어떤 것이 진짜 사과란 말인가?"

제자들이 말한 사과는 사과의 일부이기에 그 누구의 것도 사과라고 하기에는 부족했습니다. 스승은 제자들에게 천천히 설명합니다.

"사과가 여기 있다고 했지만, 어쩌면 진짜 사과는 여기 없는지도 모른다."

제가 지어낸 이야기입니다. 엉뚱한 궤변처럼 들리지만 전혀 틀린 말은 아니지요.

사과만 그런 것이 아니라 사람 또한 마찬가지가 아닐까 하는 생각도 듭니다. 한 부분만 보고 그것을 그 사람의 전체라고 생각한다면, 그 사람은 내 앞에 존재하지 않는 것과 다를 바 없습니다.

끊임없이 요리 보고 조리 보는 노력만이 한 사람의 존재를 있는 그대로 받아들이는 첫걸음인지도 모르겠습니다.

1 + 25

흥미로운 조사 결과가 있습니다. 공연을 관람하고 난 후 만족도가 높은 사람은 평균 3명에게 좋았다고 이야기하는 반면, 그렇지 못한 사람은 평균 10명 내지 11명에게 불만을 이야기한다는 내용입니다.
긍정적 감정보다 부정적 감정이 더 강하고 길게 유지된다는 사실을 보여주는 결과인데, 이를 눈여겨볼 필요가 있습니다. 우리 인간관계에서도 그대로 적용될 수 있기 때문입니다.

누군가에게 긍정적 감정보다 부정적 감정을 갖게 될 때, 그 불만의 에너지는 만족의 에너지보다 훨씬 더 오래가기 마련입니다.
타인에 대한 칭찬은 짧아도, 이상하게 불만은 해도 해도 끝이 없습니다. 어제도 오늘도 또 누구에겐가 뒷담화를 하고 있는 그 에너지는 도대체 어디에서 그렇게 계속 샘솟는 것일까요?

또 다른 조사 결과도 있습니다. 공연에 만족하지 못한 관객 26명 가운데 한 사람만 직접 공연 단체에 불만을 드러내는 반면, 나머지 25명은 아무 말 없이 다음부터 그 단체의 공연을 보지 않는 것으로 불만을 표시한다는 내용입니다.
이 또한 눈여겨봐야 합니다. 한 사람이 내게 어떤 불만을 말할 때, 동일한 불만을 가진 말없는 사람이 25명 더 있다는 사실을 알려주기 때문이지요.

귀에 거슬리는 1그램의 말에 25그램의 무게가 더 실려있다는 것을 알게 될 때, 우리는 비로소 겸손을 깨닫습니다. 긍정보다 부정의 에너지를 줄이려 노력할 때, 우리는 비로소 평화를 체험합니다.

인생이란 무대에서 우리 모두가 함께 행복해지기 위해 어떤 마음의 준비를 해야 할지 묵상해 봅니다.

의외로 하느님은

야구선수가 야구를 잘하거나 배우가 연기를 잘하는 건 칭찬받을 수 있는 일이기는 해도 놀랄 일은 아닙니다. 어쩌면 당연한 일일 겁니다.

하지만 야구장에서 청소를 하던 청년이 우연히 주운 공을 던졌는데, 그 공의 위력과 속도가 엄청나다면?

극장 매표소에서 표를 팔던 여직원이 배우가 놓고 간 대본을 그보다 훨씬 더 멋지게 읽는다면?

이런 의외의 상황들은 현실이 아니라 주로 영화 속에서나 일어납니다. 그래야 관객들에게 더 극적인 감동과

반전의 재미를 주기 때문입니다.

하지만 정말 그런 뜻밖의 재능들이 영화 속 주인공들에게만 주어질까요? 작가의 상상력 안에서만 가능한 비현실적인 꿈에 지나지 않는 걸까요?

실제로 평소 수줍음 많던 사람이 무대에만 서면 열정 넘치는 배우가 되고, 격렬한 스포츠 경기의 주인공이 퀼트를 배워 전시회를 열고, 요리사가 히말라야 등정을 하는 산악인이 된 경우를 보면 꼭 그렇지만은 않은가 봅니다.

그런 사람들을 보면, 하느님은 의외로 많은 달란트를 우리에게 주셨는데 우리가 한 가지에만 매달려 살아가는 건 아닌지, 오직 하나의 달란트에만 집중하는 것이 행복의 기준이라고 생각하며 살아온 건 아닌지 뒤돌아보게 됩니다.

이제라도 제 안에 숨겨져 있는 하느님이 주신 의외의 선물 보따리들을 하나씩 풀어봐야겠습니다. 누가 압니까, 혹시 제게 컬링선수가 될 재능이 숨어있을지….

'완벽 준비주의자'의 변명

매사에 일을 참 빈틈없이 한다고 느껴지는 분이 있습니다. 저는 평소 그분을 완벽주의자라고 생각하고 있었지요. 그런데 어느 날 그분에게서 뜻밖의 말을 들었습니다.

"전 전혀 완벽주의자가 아니에요."

"그래도 일하실 때 보면 정말 완벽해 보이는데…."

"그건 일을 준비하는 것을 보고 하시는 말씀이죠."

"그게 무슨 말씀이신지…."

"완벽하게 일하는 것과 준비만 완벽하게 하는 건 다르단 뜻이죠."

그러면서 준비하는 데에 너무 많은 시간과 에너지를 쏟는 바람에 정작 결과는 늘 어딘가 부족하다고 제게 푸념을 늘어놓았습니다.

그분의 이야기를 듣다 보니 가슴이 뜨끔했습니다. 학창 시절에 시험공부만 하려고 하면 갑자기 안 하던 책상 정리에 서랍 정리까지 하느라 결국 벼락치기로 공부했던 기억이 떠올랐기 때문입니다.
운동도 그렇습니다. 건강을 위해 운동하겠다면서 정작 운동보다는 장비에 더 관심을 갖고, 그 운동이 어디에 좋은지 이것저것 알아보느라 시간을 뺏기는 바람에 운동을 다음으로 미룬 일도 생각났기 때문이지요.

완벽한 준비가 늘 완벽한 결과를 만들어 내는 건 아닌 것 같습니다. 준비도 중요하지만, 어쩌면 즉각적인 실천이 더 중요한지도 모르겠습니다.

냉담 중인 교우들에게 성당에 같이 가보자고 하면 가끔 이런 대답이 돌아옵니다. “아직 준비가 안 돼서…”, “조금 더 있다가 나갈 준비가 되면….”

준비에 완벽을 기하는 이보다, 불완전하더라도 기도부터 하는 이를 주님께서 더 사랑하신다는 걸 우리는 가끔 잊고 사는가 봅니다.

무엇을 했는가가 아니라

그것을 왜 했는가에 공감할 때

사랑이 싹트기 시작합니다.

주님의 식탁에 초대받으려면

음식에 관해 저는 입이 짧은 편입니다. 가리는 것도 꽤 되고 아예 입에 대보지 않은 것도 많습니다. 새로운 음식에 대한 호기심이나 도전하려는 용기 또한 부족한 편입니다.

이런 저를 보고 지인들은 세상 즐거움의 반을 모르고 산다며 여간 안타까워하는 게 아닙니다. 하지만 아무리 노력해도 식습관을 바꾸는 것은 생각보다 쉬운 일이 아닙니다.

가끔 뷔페식당에서 모임을 할 때마다 저는 늘 투덜대곤 합니다. 차려진 음식은 많은데 마땅히 먹을 것이 없어 뭔가 손해 보는 느낌이 들기 때문이지요.

그런데 신기한 일이 하나 있습니다. 막상 식당을 나설 때면 다양하게 먹거리를 즐긴 사람의 배보다 제 배가 더 불룩하게 나와있다는 거죠.

분명 먹을 게 없다던 저는 다른 사람에 비해 과식할 이유가 없으니 배가 홀쭉해야 하는데, 어째서 오늘 저녁도 너무 많이 먹었다고 투덜거리는 걸까요?

몇 가지 음식만으로 배를 채우려니 당연히 필요 이상으로 많이 먹었기 때문입니다. 여러 음식을 조금씩 나누어 먹는 일이 오히려 과식을 피하는 방법인 줄 미처 몰랐던 거지요.

인생이란 거대한 뷔페식당과도 같습니다. 다양한 종류의 맛을 내는 일들이 우리 앞에 매일 차려집니다.

그런데 내 입맛에 맞는 것만 골라 취하려 한다면 결국

편견과 아집의 과식만 초래될 뿐입니다. 좋아하는 것만 하면서 살아간다고 행복해지는 건 아닙니다.

주님께서는 기쁨과 슬픔, 고통과 환희, 희망과 절망을 골고루 받아들이는 사람을 위해 오늘도 행복의 식탁을 마련하고 계십니다.

나는 어디쯤

파란 하늘을 보며 그 푸르름에 입꼬리가 올라가면 나는 기쁨 중이고, 그 푸르름이 멍처럼 느껴지면 나는 슬픔 중입니다.
남들이 웃을 때 따라 웃으면 나는 지금 함께하는 중이고, 남들이 웃을 때 홀로 웃지 못하면 나는 지금 외로움 중입니다.
잎이 무성해진 나무를 보고 그 변화를 눈치채면 나도 어제와 조금은 달라지는 중이고, 그 나무를 보고도 어제의 나무가 기억나지 않으면 나는 여전히 제자리걸음

중입니다.
누군가 말을 거는 것이 반가우면 내 마음은 열려진 상태이고, 누군가 말을 거는 것이 부담스러우면 내 마음은 서서히 닫혀가는 중입니다.
새소리가 노래로 들리면 나도 더불어 삶을 노래하는 중이고, 그 소리가 신경을 자극하는 소음으로 들리면 나 또한 누군가에게 소음을 들려주는 중일 겁니다.

가끔 인생의 길 위에서 나는 어디쯤 가고 있는 걸까 궁금해질 때가 있습니다. 앞으로 한 걸음 나아간 건지, 아니면 뒤로 한 걸음 물러난 건지 막연한 두려움을 느낄 때 말입니다.
벽에 키를 표시하고 얼마나 자랐는지 재보는 것처럼, 지금 내가 얼마나 성장하고, 행복하고, 잘 살고 있는지 누군가 알려주었으면 좋겠다는 생각을 해봅니다.
그럴 때 우연히 올려다본 하늘의 색깔, 날마다 보던 나무의 촉촉함, 유난히 크게 들리는 새들의 지저귐,

사람들의 미소와 반가운 인사들이 내 삶을 측정하는 기준점들이 되어줍니다.
오늘도 하루를 돌아봅니다.

주님, 오늘 하루 저는 그 모든 기준점에서 어떻게 반응했습니까? 제 마음은 오늘 하루 얼마나 많이 움직이고 흔들렸습니까?

당당하게 내 탓

운동경기를 보다가 결정적인 승패의 순간이 찾아오면 그때마다 자리를 뜨는 친구가 있습니다. 그런 그의 행동이 궁금해서 한 친구가 이유를 묻자 그는 이렇게 대답합니다.

"내가 볼 때마다 이상하게 꼭 내가 응원하는 팀이 지더라고…. 내가 안 봐야 이긴다니까!"

친구가 웃으며 말도 안 되는 소리라고 놀립니다.

"네가 그렇게 승패에 영향을 줄 정도의 초능력자인 줄 몰랐어!!!"

그 친구도 자신이 초능력자라고 생각하지는 않을 겁니다. 그런데 왜 지게 되면 자신 탓도 아닌데 스스로 그 결과에 책임이 있다고 생각하는 걸까요?
그것은 이기는 순간의 기쁨보다 지는 순간에 대한 두려움이 더 컸기 때문일 겁니다. 두려움이 과도해지면 자책감이 유발되고, 그것이 반복되면 우리 스스로가 위축되어 버립니다.

수많은 승부를 펼쳐가는 것이 우리 인생입니다. 이길 때도 있고, 질 때도 있습니다. 그런데 그 승부에 지나치게 매달리다 몇 번 패배를 경험하면 본의 아니게 모든 걸 '내 탓'이라고 돌리게 되지요.
하지만 질 때마다 그게 모두 내 탓이라며 자신에게 화살을 돌린다면 그 삶이 과연 행복할 수 있을까요?
진정한 '내 탓이오'는 패했을 때 나오는 우울한 탄식이 아니라, 패배로 인해 얻은 겸손을 기쁘게 인정하는 탄성입니다.

미사 때마다 주님 앞에서 내 탓이라며 가슴을 두드리는 건 내가 작아졌음을 드러내는 행위가 아니라, 내가 이제부터 진정 행복해질 수 있음을 알리는 당당하고 용감한 고백은 아닐까요?

지금 어느 집에 살고 계십니까?

세상에는 두 종류의 집이 있습니다. 하나는 '하우스House'이고, 다른 하나는 '홈Home'입니다.

하우스는 주소로 표시되는 집을 말하고, 홈은 마음의 온도로 표시되는 집을 의미합니다. 몸만 들어가면 그 집이 하우스이고, 마음까지 들어가면 그때 그 집은 홈이 됩니다.

집에 갈 때 무거운 마음으로, 단지 몇 동 몇 호의 건물을 향해가는 느낌일 뿐이라면, 그는 지금 하우스에 가는 중입니다.

반면에 집이 가까워질수록 굳었던 표정이 풀리고 무겁던 발걸음이 가벼워지기 시작하면, 그는 홈으로 가는 중입니다.

하루 일과를 마치고 우리 각자는 매일 저녁 어떤 집으로 가고 있습니까? 한 지붕 아래 한 가족이라도, 가족구성원 모두가 같은 집에 와있는 건 아닐지도 모릅니다. 아빠와 엄마에겐 홈이지만, 아이들에겐 하우스라면 그 집을 어떻게 불러야 할까요?

집 안에 함께 있으면서 아이에게 밥 먹으라고 엄마가 문자를 보내는 일이 갈수록 늘고 있습니다. 한 채의 홈이 사라지고, 대신 그 자리에 하우스가 들어서고 있다는 이야기로 들립니다.

집이나 건물이 낡으면 리모델링을 하곤 하지요. 하지만 아무리 멋지게 집을 고쳐도 그 안에 가족들 모두의 마음이 들어와 살지 않으면 그 집은 결코 '홈 스위트 홈'이 될 수 없을 것입니다.

마음 조각 모음

살다 보면 가끔 특별한 순간들과 마주칠 때가 있습니다.
심심해서 아무 책이나 우연히 펼쳤는데 어떤 문구 하나가 강렬하게 눈길을 사로잡는 순간.
평소 잘 듣지 않던 라디오를 켰는데 때마침 흘러나오는 진행자의 멘트 한 문장이 유독 크게 들리는 순간.
사람들과 이야기를 나누던 중 누군가 무심코 툭 던진 한 마디가 자꾸만 귓가에 맴도는 순간.
버스를 타고 가다 문득 바라본 바깥 풍경이 여느 때와 달리 매우 낯설게 느껴지는 순간.

짧지만 불현듯 어떤 진실이 드러나는 순간을 '에피파니epiphany'라고 합니다.

진실은 오랫동안의 교육이나 수련을 통해서도 깨달을 수 있지만, 어쩌면 우리 일상에서 순간순간 그 모습을 더 자주 드러내고 있는지도 모릅니다.
우리의 마음도 마찬가지입니다. 분명히 내 것이면서도 도무지 그 정체를 알 수 없는 마음. 그 마음이 어떻게 생겼는지는 오직 일상에서 마주하는 에피파니의 순간을 통해서만 이해할 수 있습니다.

어떤 문구나 친구의 말 한마디가 유독 섬광처럼 빛날 때, 평소 지나쳤던 풍경 안에서 새로운 모습을 발견하게 될 때, 그 순간 속에서 드러난 진실의 조각을 단단히 잡아두어야 합니다. 그 조각들 안에 바로 내 마음이 그려져 있기 때문입니다.

기도는 마음의 조각을 모으는 시간입니다. 눈을 감고 두 손을 모으면 흩어졌던 일상의 순간들이 비로소 하나의 그림으로 서서히 완성됩니다.

기도할 때 나도 모르게 고개가 끄덕여지는 이유가 바로 여기에 있습니다.

내 안에 있는 모든 것을

용기 있게 드러내는 그때가

바로 행복의 순간입니다.

행복의 시작점

세상 모든 일에는 시작점이 있기 마련입니다. 우리가 그 지점이 정확히 어디인지 알지 못할 뿐, 시작점 없이 비롯된 일이란 없습니다.

그렇다면 행복은 어떻게 시작되는 걸까요? 그 시작점에는 어떤 일들이 공통적으로 벌어지고 있을까요?

행복의 시작은 역설적으로 모든 것에 끝이 있음을 알게 되는 순간 비롯됩니다. 끝도 없는 슬픔이 계속된다면 얼마나 고통스러울까요? 하지만 언젠가 끝나리라는 믿음이 힘겹지만 하루하루를 버텨나가게 합니다.

기쁨도 그 끝이 있기에 한층 더 가치가 커집니다. 끝도 없이 계속될 기쁨이라면 그것은 처음부터 기쁨이 될 수 없었을지도 모릅니다.

끝나는 지점을 예측하는 것은 불안과 허무의 벽을 미리 보는 것이 아니라, 평온함을 보장해 주는 소중한 보호막을 마련하는 일입니다.

단거리 육상선수가 출발선에서 가슴이 두근거리는 것은 끝 지점이 코앞에 보이기 때문이고, 마라톤선수가 거친 호흡을 견디는 것은 그 먼 길 어딘가에 끝이 있음을 확신하기 때문입니다.

그러므로 무엇이든 시작할 때 그 끝을 먼저 알아차리는 것이 행복의 시작점이 될 수 있습니다.

오늘이 행복의 시작점이 되려면 내 안에 있는 기쁨과 슬픔 모두에게 그 끝을 보여주어야 합니다. 그것이 하루하루를 일희일비하며 살지 않고 평화 안에서 살아가는 지혜의 길입니다.

오늘은 레모네이드

우연히 흥미로운 사실 하나를 알게 되었습니다. 유다인들에겐 초막절 기간 동안 네 가지 식물을 들고 기도하는 풍습이 있다는 것이었습니다.
바로 룰라브(대추야자나무 가지), 하다스(도금양나무 가지), 아라바(버드나무 가지) 그리고 에트로그(레몬과 비슷한 과일)인데, 이들은 인간의 여러 유형을 상징적으로 보여줍니다.

첫째, '룰라브'는 맛은 있는데 향기가 나지 않는 식물입니다. 사람에 비유하자면 성경이나 율법에 대해서 아는 것은 많은데 행동은 하지 않는 사람들이 이 유형에 해당됩니다.

둘째, '하다스'는 향기는 나는데 맛이 없는 식물입니다. 천성적으로 선하기는 하지만 성경에 대해서는 아는 것이 없어 선행을 행하는 데에 한계가 있는 사람들이 여기에 속하지요.

셋째, '아라바'는 맛도 향기도 없는 식물입니다. 아무 고민도 하지 않고, 순간의 이익을 좇으며 하루하루를 살아가는 사람들이 이 유형으로 분류됩니다.

마지막으로 '에트로그'는 레몬처럼 향기도 좋고 맛도 좋은 식물입니다. 언제까지나 하느님 말씀의 의미를 되새기면서 그 말씀대로 살아가는 사람들이 여기에 들어갑니다.

책을 읽으면 읽을수록 자꾸만 마음이 무거워졌습니다. 아는 것도 없고, 그나마 알고 있는 것마저도 실천하지 못하는 저 자신이 부끄럽게 느껴졌기 때문입니다.

하느님의 말씀을 한쪽 귀로 흘리고 그 말씀대로 살아가는 데 인색하다면, 그 사람의 삶에서는 어떤 향기도 나지 않겠지요.
평소 커피를 즐겨 마셨는데, 오늘은 특별히 레모네이드를 주문하렵니다. '아라바'인 제가 언젠가 '에트로그'가 될 날을 꿈꾸며 시원한 레모네이드 한잔으로 답답한 마음을 달래봅니다.

85년 된 웨딩드레스

1932년 미국 로스앤젤레스에서 마리아 테레사 모레노라는 여인은 자신이 직접 만든 웨딩드레스를 입고 결혼식을 올렸습니다.

50년의 세월이 흘러 이제 할머니가 된 이 여인에게 어느 날 손녀 마르타가 놀라운 부탁을 합니다. 할머니가 입었던 그 웨딩드레스를 입고 결혼하고 싶다는 것이었지요.

1983년 손녀의 결혼식에서 오랜만에 할머니의 드레스는 그 멋진 모습을 드러냈습니다. 그런데 이를 보고 한눈에

반한 마르타의 막내 여동생도 1997년에 할머니의 웨딩 드레스를 입고 결혼하게 되지요.
이 웨딩드레스의 역사는 여기서 끝이 아니었습니다.
마르타의 딸 또한 증조할머니의 드레스를 입고 싶다고 한 것입니다. 마침내 2017년 증손녀는 무려 85년이나 된, 세상에서 가장 멋진 드레스를 입고 결혼식장에 들어 섭니다.

85년 된 옷이라는 것은 단지 오래된 물건이라는 의미만은 아닙니다. 할머니의 손길이 한 땀 한 땀 배어있는 옷을 입고 새로운 출발을 한다는 것이 얼마나 행복한 일이었을까요?
요즘 같은 세상에서는 참 귀한 풍경이지요. 예쁘고 좋은 옷들이 넘쳐나지만 그래도 내 가족의 숨결과 체취가 묻어있는 옷은 언제까지나 소중합니다. 외롭고 힘들 때 그 낡은 옷들이 가장 든든한 갑옷이 되어주기 때문입니다.

옷장을 열어 아버님이 물려주신 빛바랜 외투를 꺼내봅니다. 아직 이른 날씨지만 찬 바람이 불면 꼭 한번 입어 보렵니다. 결혼식장에 입장하는 신부의 그 설레는 마음으로, 세상을 향해 한 걸음 한 걸음씩 행복의 길을 걸어 보고 싶습니다.

구두

새 구두는 내일을 위한 것입니다.

그것을 신고 돌아다닐 곳을 하나둘 떠올리면 가슴은 희망으로 설렙니다.

낡은 구두는 지나온 시간의 증표입니다.

그것을 신고 돌아다녔던 곳곳마다의 이야기는 스스로를 돌아보는 거울이 되어줍니다.

그래서 인생의 길에 나설 때에는 짝짝이 구두가 필요합

니다. 한쪽에는 새 구두, 다른 한쪽에는 낡은 구두를 신어야 합니다.
어제와 오늘을 번갈아 생각하며 걷는 그 걸음만이 넘어지지 않는 유일한 길입니다.

고래

물에서 살지만 물속에서 숨 쉬지 않는 고래.
살기 위해서는 반드시 물 위로 올라와 하늘을 향해 참았던 숨을 뿜어내야 하는 고래의 호흡법은 언뜻 번거로워 보입니다.
하지만 고래는 그 어떤 동물보다 아름답습니다. 물을 박차고 올라 햇살과 하늘, 그리고 바람을 느끼며 쌓여있던 온갖 불필요한 것들을 있는 그대로 분출하기 때문입니다.
일상의 틀 안에서 남들보다 뒤처지지 않기 위해 숨 한번 제대로 편하게 쉬지 못하고 살아가는 우리.

고래처럼 힘차게 하늘로 솟구쳐 올라 마음을 활짝 열고 내 안에 있는 모든 것을 용기 있게 드러내는 그때가 바로 행복의 순간입니다.

행복 낱말 사전 2

우산

비가 올 때에는 그토록 절실하지만, 비가 그치면 너무도 쉽게 망각되는 물건. 그래서 우산은 슬픕니다.
사람도 때때로 우산이 됩니다. 필요할 때는 더할 나위 없이 가깝게 다가오지만, 더 이상 필요가 없어지고 저만큼 멀어져 갈 때 어느새 사람도 우산이 됩니다.
주님도 종종 우산이 되십니다. 우리가 견딜 수 없을 만큼 힘겨울 때는 그렇게 그분 곁에서 몸을 피하다가도,

막상 편해지면 그분이 어디에 계신지조차 잊고 살아갈 때 주님도 우산이 되십니다.
우산을 잃어버리는 건 부주의함 때문이 아니라 이기적인 마음 때문은 아닌지 돌아봅니다.

창문

창문을 안쪽에서만 닦는다면 세상이 또렷하고 투명하게 보일 리 없습니다. 바깥쪽도 함께 닦을 때 비로소 제대로 된 풍경을 감상할 수 있습니다.
하지만 인생의 창문은 간단히 안쪽만 닦으면 됩니다. 밖에서 이미 주님이 먼지 한 점 없이 늘 깨끗하게 창문을 닦아주고 계시기 때문입니다.
가끔 주위가 어두워 보일 때, 바깥 풍경을 탓하기 전에 자신의 내면의 창을 부지런히 닦아보세요. 세상이 기적처럼 그 아름다운 모습을 드러낼 테니까요.

등산보다 입산이다

저는 산에 오르는 것을 그리 좋아하는 편이 아니라 누가 등산을 가자고 하면 늘 미적거리는 경향이 있습니다.

그런데 이번에는 달랐습니다. 늘 멀찌감치 떨어져서 그저 산을 바라보기만 하던 구경꾼인 제가 산을 향해 스스로 걷기 시작했기 때문입니다.

건강을 챙기기 위함도 아니고 등산 애호가 친구들의 성화가 더 극성스러워진 것도 아닙니다. 그러한 변화가 생긴 건, 잘 기억나지는 않지만, 어머님이 제게 보내주신 어느 월간지에 실린 글을 접하고 나서부터였습니다.

산 정상을 목표로 오르는 등산보다, 산속 이곳저곳의 아름다움을 즐기며 천천히 시간을 보내는 입산이 더 좋다는 내용의 글을 읽고 등산에 대한 두려움이 사라진 것입니다. 가장 제 마음에 와닿은 부분을 생각나는 대로 적어보면, 얼추 이런 내용이었던 것 같습니다.

'잘 닦인 등산로를 따라 걷다 보면 남은 거리를 알려주는 표지판이 나타났다. 멈추지 말고 계속 가라고 다그치는 것 같았다. 여기엔 다람쥐가 많이 살아요, 여기는 쪽동백나무가 울창한 곳이에요라고 써놓을 순 없었을까? 그랬다면 사람들은 그 자리에서 조금이라도 순간을 즐길 텐데….'

어쩌면 우리는 인생이란 산에 등반하기 위해 태어난 것이 아니라, 산 자체의 아름다움을 만끽하기 위해 태어난 것인지 모른다는 생각이 들었습니다.

혹시 나는 지금 여기의 아름다움을 잊은 채, 저기 멀리 높은 곳만을 목표로 정하고 조바심 내며 숨 가쁘게 살아가고 있는 건 아닐까 돌아보게 됩니다.
인생은 견뎌야 할 고행길이 아니라 하루하루 감사한 행복길이란 걸 기억하며, 등산보다 입산하는 마음으로 주님과 함께 오늘 하루를 기쁘게 살아갑니다.

나만의 무화과나무를 찾아서

공연 분야에서 '스윗 스팟Sweet Spot'이란 용어는 관람을 위한 최고의 '명당자리'를 의미합니다.

공연장 어디에 앉아서 공연을 보느냐에 따라 몰입도가 달라질 수 있으므로 관객들은 언제나 최적의 자리에 앉고 싶어 합니다. 하지만 스윗 스팟은 늘 정해져 있는 고정석이 아닙니다. 공연에 따라 그 자리가 달라지기 때문입니다.

가령 규모가 작은 실내악 공연은 무대에서 가까운 앞자리, 오케스트라 공연은 중간 가운데 자리, 피아노

독주는 연주자의 손이 잘 보이는 중앙에서 약간 왼쪽이 좋은 자리인 셈이죠.
예리코의 세관장이었던 자캐오에게는 어디가 스윗 스팟이었을까요? 온 마을 사람들이 예수님을 보기 위해 몰려가던 그날, 키가 작아 예수님 모습을 잘 볼 수 없었던 그는 고민합니다.
그리고 마침내 자신만의 스윗 스팟을 찾아냅니다. 무화과나무 위가 바로 그 자리였지요. 작은 키로 온 힘을 다해 나무 위로 올라간 그는 결국 예수님과 눈이 마주치고, 그의 삶에 극적인 변화가 일어나게 됩니다.

키가 작은 저는 벌써부터 걱정입니다. 나의 스윗 스팟은 어디에 있을까?
하지만 자캐오의 모습 안에서 저만의 명당자리를 찾아볼 생각입니다. 예수님을 단 한 번만이라도 뵈려는 간절한 소망이 스윗 스팟을 만들어 줄 거라는 믿음으로 저의 무화과나무가 어디에 있는지 눈여겨보렵니다.

하비투스, 그리고 베아티투도

어떤 키워드를 가지고 살아가야 할까 고민하던 중, 드디어 두 개의 빛나는 단어를 발견하게 되었습니다.

첫 번째 키워드는 '습관'을 뜻하는 '하비투스habitus'입니다. 그런데 이 단어가 어떻게 습관이라는 의미를 지니게 되었는지 그 유래가 참 흥미로웠습니다.
원래 하비투스는 '수도사들이 입는 옷'을 가리키는 말이라고 합니다. 수도사들은 하루도 빠지지 않고 매일매일 반복되는 일정을 수행합니다. 정해진 시간에 기상하고,

정해진 시간에 식사와 노동을 하며, 정해진 시간에 기도를 바치는 그들의 수도생활이 바로 '습관'을 설명하는 좋은 연결고리가 된 것입니다.
하비투스의 뜻을 되새기며 좋은 습관을 만들어 보고 싶습니다. 아무리 바빠도 정해진 시간에 하느님 말씀을 읽고, 기도를 올리는 그런 좋은 '하비투스' 말입니다.

두 번째 키워드는 '행복'을 의미하는 '베아티투도beatitudo'입니다. 이 단어는 '복되게 하다'라는 뜻의 '베오'와 '마음가짐'을 나타내는 '아티투도'가 합쳐진 말이라고 합니다.
결국 베아티투도가 의미하는 행복을 풀어 설명해 보면 '마음가짐을 어떻게 가지느냐에 우리의 행복이 달려있다'는 뜻일 겁니다.
짧지만 행복에 대한 정의를 이렇게 마음에 와닿게 담아놓은 단어가 또 있을까 하는 생각이 듭니다.

베아티투도 안에 담긴 지혜를 기억하면서 참행복을 느껴보고 싶습니다. 어떤 유혹에도 흔들리지 않고 주님을 향한 마음가짐을 바로 하는 길이 행복의 첫걸음입니다.

왜 못 들었지?

그렇게 조심한다고 했는데도 규정 속도위반으로 범칙금 고지서를 받고야 말았습니다. 위반 장소가 늘 다니던 익숙한 길이었으니 속상함과 자책감이 더 컸습니다.

'과속 탐지 카메라 위치도 잘 알고, 더군다나 자동차 내비게이션 경고음까지 분명히 크게 울렸을 텐데도 왜 그 소리를 듣지 못하고 속도위반을 하게 되었을까?'

곰곰이 생각해 보니 이런 일이 자주는 아니어도 가끔은 있었던 것 같습니다. 분명히 그 순간 딴생각하느라 아무 소리도 듣지 못했던 겁니다.

생각은 가끔 다른 감각의 기능을 일시적으로 마비시킵니다. 어떤 생각에 깊이 빠져있을 때 다른 것이 보이거나 아무것도 들리지 않는 걸 보면 생각의 힘이 참 대단하구나 싶습니다.

조금만 더 집중을 했더라면 너무도 쉽게 들렸을 소리를 듣지 못한 것은, 복잡한 생각에 마음이 엉뚱하게도 다른 길을 가고 있었기 때문이겠지요.

주님께 나아가는 길도 마찬가지입니다. 아무리 성당 안에 얌전히 앉아 두 손을 모으고 기도를 한다 해도 마음이 어지러우면 자꾸만 길을 헤매게 됩니다.

빼먹지 않고 기도를 열심히 하는 것보다 어려운 건, 기도할 때 조금이라도 분심이 들지 않게 하는 일이라는 걸 기도하면 할수록 뼈저리게 깨닫습니다.

우리가 안전하고 행복하게 삶의 여로를 걸어갈 수 있도록 주님은 사랑이 담긴 경고음을 자주 들려주십니다.

그런데 우리는 그 소리를 얼마나 잘 알아듣고 있을까요? 뒤돌아보면 그 은총의 소리를 듣지 못해 많은 실수와 후회를 남긴 것 같습니다.

지금이라도 그런 어리석음을 범하지 않기 위해 주님만을 향해 마음을 모아봅니다.

밤 껍질 하나에도

1. 생밤을 잘 씻은 후 1시간 정도 물에 불린다.
2. 불린 밤을 20분 정도 찐 후 10분간 뜸을 들인다.
3. 뚜껑을 열고 밤을 꺼내 찬물로 10분 동안 샤워를 시켜준다.

밤 껍질을 힘도 안 들이고 매우 손쉽게 벗겨낼 수 있는 비법입니다.
워낙 밤을 좋아해서 간식거리로 종종 먹곤 하는데, 껍질 벗기는 일이 여간 불편한 게 아니었지요.

알맹이만 깔끔하게 먹고 싶은데 매번 껍질 때문에 애를 먹다 보니 안 되겠다 싶어 인터넷 검색을 해보았습니다. 그렇게 얻어낸 방법으로 해보니까 과연 한결 수월하게 벗겨져 참 신기했습니다.
오독오독 밤을 맛있게 먹다가 문득 이런 생각이 들었습니다.
'밤 껍질 하나를 부드럽게 벗겨내는 데에도 이렇게 긴 시간과 복잡한 과정이 필요한데, 사람 마음을 부드럽게 여는 데에는 과연 얼마만큼의 정성과 시간이 필요할까?'

살다 보면 우리 마음도 두텁고 단단한 껍질 안에 갇혀있기 쉽습니다. 그럴 때마다 사람과 사람 사이에서 알맹이가 아닌 껍데기뿐인 만남이 되어버리는 탓에 마음의 공허함은 더욱 커져만 가지요.
좀처럼 마음을 열어주지 않는 상대방의 까칠함을 원망하기보다, 밤 껍질 까는 비법을 통해 내가 조금 더 인내심을 갖고 노력해 보면 어떨까 하는 생각을 해봅니다.

불리기도 하고, 찌기도 하고, 뜸을 들인 후 찬물로 씻어 내는 정성은 단지 단단한 밤 껍질을 까는 데에만 필요한 비법이 아닐 겁니다.

때론 묵묵히 기다려 주고, 때론 따뜻하게 혹은 냉철하게 바라봐 주는 노력 끝에 마음과 마음이 만나는 환희의 순간을 경험할 수 있겠지요.

오늘도 이렇게 밤 한 톨에서 인생을 배웁니다.

기도는

마음의 조각을

모으는 시간입니다.

숨은 행복 찾기

어린 시절, 잡지나 신문의 한쪽 구석에 늘 감초처럼 꼭 끼어있던 재밌는 놀이 하나가 기억납니다. 바로 '숨은그림찾기'입니다.

숨은그림찾기의 매력은 언뜻 평범해 보이는 그림 안에서 별별 물건이나 동물, 혹은 사람들이 숨어있는 걸 하나하나 발견해 내는 그 짜릿함에 있지요.

그런데 아무리 뛰어난 관찰력을 가진 사람이라도 힌트가 없다면 아마 수십 번 그림을 들여다본들 결코 찾아내기란 쉽지 않을 겁니다.

사과, 장화, 우산, 지팡이, 고양이, 할머니 등의 제시어가 있어야 그것을 힌트 삼아 복잡하게 그려놓은 그림에 숨겨진 보물들을 하나둘 발견할 수 있을 테니까요.
참 신기했습니다. 그냥 보면 전혀 안 보이는데 미리 주어진 단어들을 생각하고 들여다보면 요기조기 숨어있는 그림들이 비로소 보이다니….

하루하루의 삶도 어쩌면 거대한 숨은그림찾기의 과정이 아닐까 싶습니다. 저마다의 삶 속 어딘가에 숨겨진 행복들을 찾아 분주히 움직이는 그 모습이 바로 우리의 자화상이기 때문입니다.
숨은 행복을 찾기 위해서는 숨은그림찾기에서처럼 제시된 힌트들을 잘 기억해야 합니다. 아무런 단서 없이 그날그날을 살아간다면 어제와 오늘에 숨어있는 행복들을 발견하지 못한 채 그대로 놓쳐버릴지도 모르니까요.
날마다 반복되는 일상 속에서 삶이 재미없고 힘들다고 느껴질 때, 어린 시절 숨은그림찾기 놀이하듯 하루를 시작해 보는 건 어떨까요?

언제나 한결같이 소중한 말씀으로 우리에게 행복의 힌트를 보여주시는 하나님….
이젠 우리가 그 말씀 하나하나를 마음에 새기며 숨은 행복을 찾아 나서야 할 때입니다.

'같으면'과 '같아도'의 차이

솔직히 하루에도 여러 번 나도 모르게 이런 혼잣말을 할 때가 있습니다.

"나 같으면 저렇게 말하지 않을 텐데."

"나 같으면 저런 식으로 행동하지 않을 텐데."

이 말의 끝은 대개 이렇게 마무리됩니다.

"저 사람 도대체 왜 저럴까?"

반대로 이렇게 말할 때가 있습니다.

"나 같아도 저렇게 말했을 거야."

"나 같아도 저런 식으로 행동했을 거야."
이 말의 끝은 대개 이렇게 마무리됩니다.
"저 사람도 나름 얼마나 힘들었을까?"

언제부터인가 세어보기 시작했습니다. 오늘은 어느 쪽 말을 마음속으로 더 많이 했을까 하고 말이지요. 그리고 한 가지 중요한 사실을 깨달았습니다.

'나 같으면'이라고 할 때보다 '나 같아도'라고 말하는 순간이 많아질수록, 상대방에 대한 미움이 줄어들고 그 사람과 소통할 수 있는 문이 조금씩 열리게 된다는 걸 말입니다.

인간관계에 어려움이 생기면 일단 '나 같으면'이라는 말부터 시작하는 습관 대신 '나 같아도'라고 말할 수 있는 여지가 없는지 스스로를 찬찬히 돌아보게 됩니다.

평화를 달라고 기도만 할 것이 아니라, 겸손한 마음으로 용기를 내어 '나 같아도'를 먼저 시작하면서, 그 안에서 평화의 기쁨을 맛볼 수 있기를 희망해 봅니다.

쿠션 언어

자동차에는 혹시 모를 충돌의 경우를 대비해서 충격을 흡수해 주는 '범퍼'라는 장치가 앞뒤로 달려있습니다. 신발에는 발이 지면과 닿을 때의 충격을 조금이라도 줄여 다리에 무리가 가지 않도록 해주는 충격 흡수재가 첨가됩니다.
어린아이들이 뛰어노는 장소에는 혹시라도 바닥에 넘어져서 다치지 않도록 두텁고 말랑말랑한 바닥 매트를 반드시 설치합니다.
사람과 사람 사이에서도 충돌이 일어납니다. 몸과 몸이

부딪히는 경우보다 입에서 나오는 말과 말의 충돌이 더 빈번하게 일어나고, 뜻하지 않는 오해와 상처를 남기기도 하지요.
말의 충돌을 피하기 위해서도 완충장치가 필요합니다. 직접적인 충격을 최소화하고 상대방의 마음을 자극하지 않는 충격 흡수용 언어를 '쿠션 언어'라고 하는데, 다음과 같은 말들이 여기에 해당됩니다.

"번거로우시겠지만…."
"실례가 안 된다면…."
"정말 미안한데…."
"그렇게 해주시면 고마울 것 같습니다."

쿠션 언어를 자주 사용한 적이 없는 사람들에게는 이러한 말들이 거추장스럽거나 불편할 수도 있습니다. 하지만 "말 한마디에 천 냥 빚도 갚는다"는 속담은 언제 들어도 명언입니다.

낯선 환경에서 새로운 사람들을 만나게 되는 어색하고 긴장된 순간, 먼저 다가가 따듯한 말 한마디 건네주는 사람이 되어주면 좋겠습니다.

바로 그 사람이 당신이기를….

피부 속까지 스며드는 사랑

건조한 날씨 탓인지 피부 가려움증이 자주 생깁니다. 붓으로 살짝 점 하나 찍은 것 같은 조그만 염증인데도 만만치 않은 가려움 때문에 밤을 설치기도 합니다.

참아보다가 도저히 안 될 것 같아 결국 피부과를 찾았습니다. 의사 선생님은 피부에 바르는 연고를 처방하면서 이렇게 말했습니다.

"연고 바르는 일이 번거롭겠지만, 염증이 완전히 없어질 때까지 꾸준히 바르셔야 됩니다. 거의 다 나은 것 같다고 중간에 멈추면 안 돼요. 그러면 금방 또 재발하거든요. 그때는 약에 내성이 생겨서 효과를 볼 수 없으니 주의하세요."

고개를 끄덕이며 연고를 받아 들고 왔긴 왔는데, 며칠 지나지 않아 그 당부의 말을 까맣게 잊고 말았습니다. 염증이 깨알만큼 작아지자 그만 게을러진 거지요.

아니나 다를까 얼마 후 피부에 다시 염증이 생겨 병원을 찾았고, 이번에는 이전의 연고보다 훨씬 더 독한 약으로 처방받아야 했습니다. 위장을 보호하는 약과 함께 말입니다.

누구나 한두 번은 겪어본 일일 겁니다. 겉보기에 다 나은 것 같으면 그걸로 충분하다고 쉽게 판단합니다. 피부 겉면만 보았지, 그 아래 염증의 뿌리까지는 생각지도 못한 것이지요.

사람들과 부딪히다 보면 우리 마음에도 염증이 생깁니다. 그리고 그 불편함을 없애고 통증을 가라앉히기 위해 나름대로 애를 씁니다.

하지만 어설프게 사랑하고 어설프게 용서하면 겉으로는 평온해 보이지만 갈등의 불씨는 여전히 마음 깊숙이 남아 언젠가 또다시 더 큰 상처가 되어 부메랑처럼 돌아옵니다.

사랑과 용서는 꾸준히 해야 하는 것, 마음의 피부 속까지 스며들어 갈등의 뿌리마저 흔들어야 그게 진짜 사랑이며 용서인 것, 바로 그 힘든 걸 해내는 사람만이 참평화에 이르게 됩니다.

들었다면 돌아보라

어린 시절 친구들과 신나게 놀고 있을 때, 담벼락 너머로 들려오는 엄마의 목소리는 놀이의 흥을 깨기에 충분했습니다.

"얼른 와서 밥 먹어~!!!"

분명히 귀로 들었건만 더 놀고 싶은 마음에 못 들은 척 꾸물거리다 보면, 어떻게 아시는지 귀신같이 엄마의 대포알 같은 소리가 여지없이 날아옵니다.

신기한 건 집에 들어가면 갑자기 마음이 확 바뀐다는 것입니다.

바로 갓 지은 밥 내음 때문입니다. 그 향긋한 냄새를 맡으며 진즉에 엄마 말 들을 걸 싶은 거지요.
김이 모락모락 나는 맛있는 밥을 급하게 먹고 있는 내게 물을 가지러 간 엄마가 부엌에서 또 한번 소리칩니다.
"천천히 먹어, 그러다가 체할라!"

누군가 나를 기다리고, 나를 위한 식탁을 마련하며, 나와 함께하려는 분이 계시다는 건 참으로 든든하고 더할 나위 없이 행복한 일입니다.
신앙인으로 살아가면서 우리는 또 한 분의 든든한 목소리를 듣게 됩니다. 언제 어디서나 우리를 부르시는 주님의 목소리입니다.
하지만 우리는 주님의 소리를 듣고 있으면서도 종종 돌아보지 않습니다. 세상의 온갖 놀이와 재미에 빠져 시간을 조금씩 지체하다가 결국 그분 곁에서 점점 멀어지게 되지요.

주님이 우리를 부르시는 목소리에 귀를 기울이고, 한 순간이라도 더 빨리 주님께서 마련하신 식탁을 향해 서둘러 가야 합니다.

그분이 주신 양식으로만 우리가 진정으로 행복해질 수 있고, 그분의 음성에 뒤를 돌아보는 것으로만 우리가 후회 없는 길을 걸어갈 수 있으니까요.

참 좋아, 참 잘해, 참 멋져….

움츠린 어깨를 활짝 펴게 만드는

선물 같은 말이지요.

함께 빵 먹을 사람

「가톨릭 성가」 503번인 <생명의 양식>의 원제목은 라틴어로 '파니스 안젤리쿠스Panis Angelicus'입니다.

여기서 Panis는 '빵'을 뜻하고, Angelicus는 '천사의'라는 의미인데, 흔히 '생명의 양식'으로 번역되어 영성체 성가로 자주 불리고 있습니다.

그런데 흥미로운 사실 하나는 '회사'를 나타내는 '컴퍼니company'와 '친구'를 의미하는 '컴패니언companion'에도 빵을 뜻하는 'panis'가 들어간다는 것입니다.

company와 companion에서 com은 '함께'라는 뜻이고

pany와 panion은 빵을 뜻하는 panis에서 파생되었다고 하니, 이들 단어의 의미가 새삼 마음 깊이 와닿습니다.
결국 회사란 '함께 빵을 나누는 사람들이 모인 곳'이고, 친구란 역시 '함께 빵을 나누어 먹는 사람들'이라고 말할 수 있겠지요.

만약 '컴퍼니'라는 간판 아래 자기 혼자만 빵을 독차지하려고 욕심을 부리는 사람들이 잔뜩 모여있다면, 그곳을 진정 회사라고 부르기는 힘들 것입니다.
절친한 '컴패니언'이라면서 빵이 생겼을 때 혼자 먹으려고 서둘러 빵을 감추려는 사람이 있다면, 그를 친구라고 인정하기는 불가능할 것입니다.
갈수록 복잡하고 삭막한 인간관계에 지쳐가면서 혼자 있는 게 더 편하고, 혼자라서 더 즐거운 사람들이 점차 늘어나고 있는 것이 오늘의 현실입니다.
빵 한 조각 생기면 누군가가 생각나는 그런 기쁜 날이 우리의 내일이길 기도합니다.

한 마디나 백 마디나

어떤 마을에 말이 많은 사람이 살고 있었습니다. 늘 말 때문에 오해가 생겨 하루도 마음 편할 날이 없는 그는 어느 날 중대한 결심을 합니다.

"앞으론 아무 말도 하지 않고 입을 꼭 다물고 살아야지…."

같은 동네에 그와는 거꾸로 말을 안 해도 너무 안 해서 사람들에게 사사건건 오해를 받는 사람이 살고 있었습니다. 그 사람 또한 어느 날 결심을 합니다.

"앞으론 생각나는 대로 무조건 먼저 말을 해야지…."

그런데 말 많던 사람이 갑자기 말을 안 하니 오히려 더 큰 문제가 생겨나기 시작했습니다. 말수가 적던 사람도 갑자기 수다스러워지니 주변 사람들과의 갈등이 더 커져버렸습니다.

두 사람은 마을에서 가장 연장자인 어르신을 찾아뵙고 도대체 어찌해야 할지 조언을 구하기로 했습니다. 어르신은 그들의 하소연을 한참 동안 듣고 나서 이렇게 말했습니다.
"상대방과 나누려 하는 그 무엇이 있다면 그것이 한 개이든 백 개이든 다툼이 없다. 마찬가지로 상대방과 마음을 나누려 한다면, 한 마디나 백 마디나 말이 많고 적음엔 문제가 없다."

생각과 말과 행위 가운데 실생활에서 가장 자주 그리고 직접적으로 문제가 되는 건 아마도 '말' 때문이 아닌가 싶습니다.

말을 지나치게 많이 하고 돌아온 날에는 괜한 이야기를 한 건 아닌지 후회가 되고, 침묵만 지키다가 돌아온 날에는 한 마디라도 해볼 걸 그랬나 하는 아쉬움이 남곤 하지요.

하지만 이젠 말의 많고 적음에 연연하지 않으렵니다. 진정으로 마음을 나누고자 하는 것에 부끄러움만 없다면 그 누구와 어떤 말을 해도 환하게 웃을 수 있을 날이 많아질 테니까요.

박음질 '한 번 더'의 행운

1995년 국내에 개봉되었던 <허드서커 대리인>이라는 코미디영화가 있습니다. 며칠 전 이 영화를 오랜만에 다시 보게 되었는데, 세월이 흘렀음에도 여전히 매력적이었습니다.

그런데 이번에 영화를 볼 때는 유독 눈길을 끄는 장면이 있었습니다. 회사를 독차지하려고 온갖 술수를 부리던 이 회사의 이사 머스버거의 단골 양복점 주인이 등장하는 신이었지요.

머스버거가 맞춘 양복바지의 허리 부분을 제작하다가 문득 그는 이런 생각을 합니다.

'이제 이만하면 다 됐나? 아니야, 한 번만 박음질하라고 그랬지만 그래도 그분이 늘 내게 잘해주셨으니 이왕이면 한 번 더 단단하게 이중으로 박음질을 해드려야지.'

그런데 이 한 번 더한 박음질이 영화에서 머스버거의 목숨을 구하는 결정적인 역할을 합니다.

실수로 빌딩에서 떨어질 뻔한 머스버거를 허수아비 회장 노빌 반스가 바지를 잡아 간신히 구하는 장면에서, 이때 바지 허리 부분이 조금씩 찢어지며 위기를 맞습니다.

한 번만 박음질해도 된다고 했던 자신의 말을 떠올리며 이젠 모든 것이 끝났다고 생각한 순간, 바지는 더 이상 찢어지지 않았고 그는 다행히 목숨을 건지게 됩니다.

악역 중에 악역이었던 머스버거에게도 감독이 이런 행운을 부여한 건 관객들에게 한 가지 희망을 남겨놓으려고 했기 때문이었을 것입니다.

누구나 죄를 지으며 살아가지만, 하느님은 우리 죄를 계산하지 않으시고 우리가 조금이라도 베푼 사랑을 먼저 헤아리신다는 희망 말입니다.

단 한 번의 선하거나 의로운 일이 어쩌면 우리를 죽음에서 구하는 하느님의 단단한 박음질일 수 있음을 기억하며, 오늘 하루도 감사와 사랑의 마음으로 길을 나섭니다.

인증과 인정

마트에는 수많은 상품이 가지런히 진열되어 있습니다. 사람들은 상품 겉면에 인증 표시가 제대로 찍혀있는지 하나하나 꼼꼼히 찾아보고, 그 표시가 얼마나 공신력이 있는 것인지도 신중하게 따져보고 상품을 구매합니다.

하지만 그렇게 인증된 물건을 샀다고 해도 그것이 정말 최고로 만족할 만한 상품인지 곧바로 인정되는 건 아닙니다.

'인증'은 최소한의 자격을 얻기 위한 객관적인 절차일 뿐이지, 그 인증이 곧 최고라는 것을 증명해 주는 건 아니기 때문이지요.
반면 '인정'은 객관적인 절차보다 주관적으로 느껴지는 자격입니다. 그것이 얼마나 진정성이 있는지 남들에게 느껴지고 받아들여질 때 비로소 인정이 되는 것입니다.

우리는 교리 공부를 거쳐 세례를 받고 또 하나의 소중한 이름인 세례명을 얻게 되는 것으로 천주교 신자라는 최소한의 인증을 받았습니다.
신자가 되고 난 후에도 신자로서 수행해야 할 교회의 의무 사항들을 성실하게 지켜나감으로써 그 자격을 갱신하기도 합니다.
하지만 아무리 신자로서 인증받는다 해도, 우리 모습이 누구에게도 하느님의 자녀로 느껴지지 않는다면 우리는 진정한 천주교 신자로 인정받기 어렵겠지요.

하느님은 우리를 당신 자녀로 인증해 주시는 분이 아닙니다. 끝없이 우리를 바라보며 우리를 당신 자녀로 인정해 주려고 기다리시는 분이십니다.

인증된 신자가 아니라 인정받는 신자의 하루로 봉헌되는 날이 가장 행복한 날입니다.

음악도 번역이 되나요?

그동안 글에만 국한된 것인 줄 알았던 번역에 대해 놀라운 사실 하나를 알게 되었습니다. 악보도 번역하는 사람들이 있다는 것입니다.

시각장애인을 위해 악보를 점자로 번역하는 사람, 바로 '음악 점역사'가 그 주인공입니다.

그분들의 번역 작업을 들여다보면서 묘한 감동을 받았습니다. 왜냐하면 악보는 글보다 더 복잡하고 더 섬세하게 주의를 기울여야 할 요소가 참 많기 때문이지요.

음표, 음계, 연주 방법을 나타내는 특수 부호까지 무려

200개가 넘는 음악 기호를 단 6개의 점으로 일일이 손으로 표현하는 과정은 기적과도 같았습니다.
열 장 정도 되는 악보를 점자로 옮기는 데에는 2주간의 시간이 걸린다고 하니, 음악 점역사들의 노고가 어느 정도인지 짐작이 되고도 남습니다.

이렇게 작업이 끝나고 나면 '음악 교정사'와 함께 시각장애인들이 이해하기 쉽게 잘되었는지, 잘못된 곳은 없는지 꼼꼼하게 마지막으로 확인하는 일이 필요합니다.
하얀 종이 위에 알 수 없는 암호 같은 점들로 만들어진 점자 악보. 점 하나하나가 사랑으로 완성되어 세상에서 가장 아름다운 연주가 펼쳐집니다.

문득 잊고 있던 일이 떠올랐습니다. 처음으로 시각장애인들을 위해 연극 대본을 녹음하던, 실제 공연보다 더 떨리고, 더 기쁘고 행복했던 그 시간들이….
생각보다 쉽지 않기에 다시 나설 엄두가 나지 않았는데,

그 어려운 일을 해내는 음악 점역사들을 보면서 새로운 용기를 얻습니다. 갑자기 마음이 바빠지고 온몸에 활력이 생기는 것 같습니다.

누군가에겐 간절히 필요한, 이 소중하고 가치 있는 일에 우리 함께할까요?

지친 그대를 위로해 주는 건

그저 한 뼘의 사랑으로 충분한 것을요.

나의 수다 파트너

어머님과의 전화 통화를 마치고 시계를 보니 30분 정도 시간이 지나버렸습니다. 그래도 오늘은 비교적 짧게 한 편입니다.

작년만 해도 한 시간 넘게 통화하는 일이 다반사였는데, 점점 말하는 것도 힘들다 하시며 서둘러 전화를 끊으시는 어머님의 목소리를 들으니 마음이 아픕니다.

구십이 넘은 어머님과 거의 날마다 통화를 한다고 하면, 주변 사람들은 놀라며 예외 없이 이렇게 묻곤 합니다.

"매일 무슨 할 이야기가 그렇게 많아요?"

사람들은 잘 모르는 것 같습니다. 매일매일 전화해야 오히려 할 말이 계속 생긴다는 사실을…. 너무 오랜만에 통화하면 안부는 물을 수 있을지언정 소소하게 수다를 떨기는 쉽지 않다는 사실을….
안부 전화는 대략 짧고 어색하게 끝날 때가 많습니다. 각자의 일상을 갑자기 미주알고주알 꺼내놓기도 그렇고, 상대방에게 새삼스럽게 꼬치꼬치 캐묻는 것도 마음이 불편하기 때문이지요.
반면에 수다를 꽃피우는 전화는 항상 시간이 부족해 아쉬움을 남길 때가 많습니다. 무슨 궁금한 게 그리 많은지 마치 흥미진진한 연속극을 보듯이 이야기가 꼬리에 꼬리를 물고 끝날 생각을 않으니 말입니다.

기도 또한 전화 통화나 다를 게 없다는 생각이 듭니다. 바쁜 일상 속에서 까맣게 잊고 살다 어느 날 문득 하느님이 생각나 올리는 기도는 하느님과 안부 전화를 나누는 것과 같습니다.

일상 속에서 수시로 하느님이 떠올라 올리는 기도는 하느님과 편하게 수다를 떨기 위해 전화를 하는 것과 같다고 할 수 있지요.
멀리 계신 어머니가 나와 늘 함께한다는 느낌이 드는 건 순전히 어머니와 매일 나누는 전화 통화 덕분은 아닐까요?

어머니의 존재가 내게 큰 힘이 되듯, 하느님께서 늘 우리와 함께하신다는 그 느낌보다 더 든든하고 더 행복한 순간은 없을 것입니다.
침묵은 우리 자신을 돌아보는 수단이지만, 수다는 하느님을 향해 한 걸음 더 가까이 다가가는 수단입니다.
두서없고 때론 흠결 많은 이야기도, 했던 말을 몇 번이나 반복하는 똑같은 이야기도 늘 변함없이 들어주시는 나의 수다 파트너 하느님을 외롭게 해드리지 말자고 마음을 다잡아 봅니다.

연속극이 아니라 단막극

가게나 음식점 등에서 뜻밖의 서비스를 받게 될 때가 있습니다. 그런 경우 주인장의 다정다감한 마음 씀씀이에 감동하지 않을 수 없지요.
반찬 몇 가지 샀을 뿐인데 계란말이를 덤으로 넣어주는 반찬 가게 사장님, 칼국수를 시켰는데 공깃밥까지 챙겨주는 음식점 사장님….
생각지도 않은 이런 배려에 누군들 마음이 환해지지 않을까요? 덤으로 얻은 것들의 가격을 떠나, 주신 분의 따뜻한 마음은 내 기억 속에 최고의 가치로 각인됩니다.

그런데 사람 마음이 참 야릇합니다. 그런 서비스가 몇 번 반복되면 고마움이 더 커져야 할 텐데, 오히려 감동은 줄어들고 어째서 기대감만 더 생기는 걸까요?
매번 반찬 하나를 덤으로 주던 사장님이 주문한 반찬만 내어주거나, 공깃밥을 같이 주던 식당 주인이 달랑 칼국수만 내올 때 기분이 묘해지는 건 왜일까요?
막상 아무것도 없을 때 괜히 서운한 마음이 드는 내 모습에 당황했던 적이 한두 번이 아닙니다.

주는 사람은 좋은 마음으로 준 건데, 받는 사람은 그것이 마치 당연한 서비스처럼 여기는 불편한 진실….
아마도 이 황당함 때문에 이런 말을 하나 봅니다.
"애초에 잘해줄 필요가 없어. 잘해주면 그게 당연한 게 되고 나중에 못해주면 도리어 화를 낸다니까!"

기분 좋게 베풀고 싶어도, 결국 그 결과가 해피 엔딩이 아닐까 봐 시작부터 배려하는 마음을 원천적으로 단절

하는 것만큼 안타까운 일은 없을 것입니다.
뜻밖의 서비스를 선물처럼 받을 때 처음엔 주는 사람의 마음이 너무 고마워서 행복해하다가, 그 행위가 계속되면 받는 것 그 자체에 더 눈길을 빼앗겨 버리고 말지요.

이제부터는 단단히 명심해야겠습니다. 베풂은 연속극이나 미니시리즈가 아니라, 그 한 번으로 완벽한 단막극이라는 것을. 다음에 '또'가 아니라, 이번만으로'도'가 행복을 망가뜨리지 않는 비법입니다.

변명의 역사, 여기서 멈춤

우리는 언제부터 '변명'이라는 것을 시작하게 되었을까요? 다른 사람들의 경우는 잘 모르겠지만, 저만큼은 그 시작점을 분명히 기억하고 있습니다.

제 변명의 역사는 초등학교 2학년 때로 거슬러 올라갑니다. 그걸 정확히 기억할 수밖에 없는 이유는 그때 생활기록부에 그 변명의 출발점이 생생하게 기록되어 있었기 때문입니다.

당시 담임선생님은 저의 생활기록부에 결코 잊을 수 없는 매우 인상적인 문구 하나를 남겼습니다.

"다른 아이들과 달리 매사에 변명이 많은 걸 보니 나중에 작가가 될 소지가 충분함."

선생님에게 지적을 받거나 꾸지람을 들을 때 아마도 다른 친구들은 조용히 순응했는데, 저만 그냥 넘어가지 않고 억울하다며 변명을 늘어놓았음에 틀림없습니다.

별로 보기 좋지 않았을 제자의 단점을 미래에 작가가 될 재능으로 봐주신 선생님의 마음이 생각하면 할수록 감동적입니다.

작가로 활동하고 있는 지금, 선생님의 예언대로 정말 변명이 그 원동력이었는지는 확실치 않지만 저의 자기 변명적인 성향이 줄지 않았음은 솔직하게 인정하지 않을 수 없습니다.

특히 천주교 신자가 되고 난 후에는 '내 탓이오'를 입에 올릴 때마다 변명부터 앞세우던 모습이 하느님 보시기에 얼마나 미성숙하고 자기중심적이었을까 뼈저리게 깨닫게 되었습니다.

최근 영국의 한 연구팀이 70세 전후의 259명을 대상으로 흥미로운 임상시험을 했습니다. 자기반성과 치매의 연관성에 관한 연구였는데, 그 결과가 매우 인상적이었지요.

정확한 인과관계는 알아내지 못했지만, 자기반성의 시간을 하루에 10분 이상 갖게 되면 분명히 인지력과 뇌 건강에 도움을 줌으로써 치매를 예방하게 된다는 것이었습니다.

그렇지 않아도 요즘 자꾸만 깜빡깜빡해서 오늘이 며칠인지, 얼마 전 만났던 분의 성함이 뭐였는지 기억이 나지 않아 당황스러웠는데, 이제 분명한 해결책 하나를 얻은 것 같아 안심입니다.

진정으로 자신을 돌아보고 그 안에서 우러나오는 한마디로 치매 예방을 시작해 보려 합니다.

"제 탓이오, 제 탓이오, 저의 큰 탓이옵니다."

달콤한 인생

유럽에서 세계적으로 유명한 장거리 자전거 경주 대회가 열렸을 때의 일입니다. 그 치열한 경기에서 믿기 어려운 장면이 연출되어 뉴스에 해외 토픽으로 나온 걸 본 적이 있습니다.

선두 뒤를 바짝 좇던 선수가 불운하게도 돌부리에 걸려 넘어지는 상황이 벌어졌는데, 그때 맨 앞에 있던 선수가 질주를 멈추고 자전거를 돌려 넘어진 선수에게로 다가온 것입니다.

크게 다치진 않았는지 살피고는 손을 내밀어 일으켜 준

뒤, 다시 자전거에 오른 그는 상대 선수가 정말 괜찮은지 한동안 뒤를 돌아보며 자전거를 천천히 몰았습니다.
살벌한 대회가 아니라 마치 친한 친구끼리 자전거 여행을 하는 듯한 의외의 모습을 보고, 승부의 결과에만 집중하던 관중들은 자신들의 눈을 의심하기 시작했지요.
마침내 결승선에서 이변 없이 그대로 순위가 결정되었고, 그 순간 어느 대회에서보다도 큰 감동의 박수가 아낌없이 쏟아졌습니다.
피를 말리는 순간에서도 인간의 아름다운 심성이 작동되는 것을 목격한 관중들은 누가 우승을 차지할 것인가를 떠나 이미 두 선수 모두에게 축하와 격려의 박수를 보내고 있었던 것입니다.

아무리 승패가 중요해도 상대방을 존중하고 예를 갖추어 정정당당하게 운동선수로서 보여주어야 할 정신을 '스포츠맨십'이라고 합니다.
승자와 패자의 결정을 강자와 약자의 관점으로 보지

않는 아름다운 덕목이라고 할 수 있지요.
반대로 게임의 규칙은 어기지 않더라도, 상대방에게 모욕을 주거나 위협하는 비신사적인 행위로 오직 승리만을 추구하는 성향을 '게임즈맨십'이라고 합니다.
경기에서 우승한 사람은 단지 역사 속에 한 줄 기록으로 남겠지만, 아름다운 경기를 한 사람은 승패를 떠나 모든 사람들에게 평생 잊을 수 없는 선한 영향력으로 마음에 남습니다.

종종 우리들 인생이 일등만 기억하는 비정한 게임과도 같고, 그래서 수단과 방법을 가리지 않고 비겁한 방식으로라도 이기기만 하면 된다는 생각이 현실적으로 옳은 거라고 착각할 때가 있습니다.
하지만 하느님이 주신 인생은 결과가 아니라 과정으로 인정받는 게임입니다. 게임즈맨십으로 얻을 수 있는 건 고독과 고통뿐이라는 걸 깨닫는다면, 인생만큼 달콤한 게임도 없을 것입니다.

'더'보다 '참'

무심코 보던 티브이 프로그램에서 삶의 지혜 한 조각을 공짜로 얻는 행운을 누릴 때가 가끔 있습니다. 얼마 전에 봤던 사람과 동물의 교감을 다룬 다큐드라마도 그랬습니다.

딱히 볼 만한 게 없어서 이리저리 채널을 돌리던 중, 농가에서 할아버지와 강아지가 단짝을 이루며 다정하게 지내는 훈훈한 이야기에 눈길이 머물렀습니다.

왠지 다른 데로 돌리고 싶지 않아서 조금만 조금만 하는 마음으로 보고 있는데, 차분하게 들려오는 해설자의 멘트 하나가 제 마음을 사로잡았습니다.

"인생 복권 중에 사람 복권이 최고다."

그 순간, 일보다 사람들에게 치여 직장을 떠나는 사람들, 성당에 나가기를 포기한 사람들의 수많은 얼굴 표정이 떠올랐습니다.

씁쓸하지만 인정할 수밖에 없는 '사람 복권'의 희박한 당첨 확률, 하지만 그 뒤로 이어지는 또 다른 멘트에 놀랍게도 새로운 희망이 다시 살아나기 시작했습니다.

"'더'를 '참'으로 바꾸면 행복하다."

좋은 사람의 기준은 바로 '더'와 '참'에 있었습니다.

우리를 아프게 하는 사람은 우리에게 '더'를 요구합니다.

'더 잘, 더 많이, 더 높이, 더 빨리' 해야 한다고 자꾸만 채근합니다.

우리의 약점이나 실수에 대해 '더'를 요구하는 사람들은 우리를 기다려 줄 인내심이 없습니다. 우리는 그런 사람들 앞에서 늘 불안하고 점점 작아집니다.

반대로 우리에게 '참'을 선물하는 사람들이 있습니다. '참 좋아, 참 잘해, 참 멋져….' 이런 사람들 덕분에 우리의 굽어졌던 어깨가 펴지고 꽉 쥐었던 주먹의 힘이 스르르 풀려버리지요.

'사람 복권'이 최고라는데 그 복권에 매번 당첨되는 짜릿함을 맛볼 수 없는 게 우리 인생이지만, 그래도 희망은 있습니다.
주님 보시기에 인간은 '참' 좋은 존재였는데, 서로에게 자꾸만 '더'를 요구합니다. '더'를 '참'으로 바꿔 서로를 바라보면 '사람 복권'은 생각보다 당첨 확률이 높은 선물임을 깨닫게 됩니다.

알고 보면 다르지 않다

시력장애를 앓고 있는 할머니 두 분이 한 병원의 각각 다른 병실에 입원했습니다. 그리고 한 명의 간병인이 그 분들을 번갈아 돌봐드리고 있었습니다.
그런데 두 할머니가 병을 대하는 태도는 확실하게 달랐습니다.
날이 좋은 어느 날, 간병인이 "오늘 날씨가 참 좋아요. 하늘도 어찌나 맑은지 구름 한 점 없어요"라고 말을 건네면, 한 할머니는 마치 하늘이 보이는 것처럼 이렇게 말합니다.

"그래요? 다행이네. 진짜 구름 한 점 없는 하늘은 참 예뻐. 이런 날 김밥 싸서 어디 놀러가면 좋겠다."

반면 다른 한 할머니는 버럭 화를 내며 이렇게 말합니다.

"아니, 지금 누굴 약 올려? 내가 안 보이는 거 알면서 그런 얘길 왜 내 앞에서 해! 누구 염장 지르는 거야?"

놀라운 건 두 분의 대조적인 모습이 아니라 이를 대하는 간병인의 태도였습니다. 할머니들에게 늘 온화하고 따뜻했기 때문이지요.

동료 중 하나가 신기해서 물었습니다.

"아니, 어떻게 두 할머니에게 똑같이 친절하게 대할 수 있어? 나 같으면 소리 빽빽 지르는 할머니한텐 짜증이 날 거 같은데…."

그러자 그 간병인은 이렇게 대답했습니다.

"알고 보면 똑같은 분들이야. 두 분 다 저 맑은 하늘이 얼마나 간절하게 보고 싶으시겠어…."

우리는 종종 사람들을 긍정적, 부정적이라는 두 가지 범주로 나누곤 합니다. 물론 겉으로 보이는 모습만을 기준으로 한다면 그것이 가능하겠지만, 드러나지 않는 마음속을 들여다볼 수 있다면 달라지지 않을까요?
순응하는 사람이나 반항하는 사람이나 어쩌면 모두 맑고 파란 하늘을 보고 싶은 간절한 소망을 품고 있는지도 모릅니다.
누가 옳은가로 보려 하기보다, 누구나 약하기 때문이라는 눈으로 바라보는 것, 그것이 참사랑의 시작입니다.

껍질이 본질

겨울에 먹는 사과는 겨울대로 나름 맛납니다. 입 안에 아삭한 식감을 느끼며 코에 와닿는 상큼한 향은 이 사과가 얼마나 멋진 과일인지를 새삼 깨닫게 해줍니다.
땅콩 또한 제가 매우 좋아하는 간식거리입니다. 그 고소함은 도저히 뿌리칠 수 없는 유혹이라, 처음 손바닥만큼 집었다가 결국 양손 가득 찰 때까지 먹고 맙니다.

사과와 땅콩은 맛 외에도 한 가지 공통점이 있습니다. 바로 '껍질'의 중요성입니다. 이 두 가지 모두 과육이나 알맹이보다 껍질에 더 많은 영양 성분이 있다는 건 이미 널리 알려진 사실입니다.

비단 사과와 땅콩만 그럴까요? 바나나, 포도, 참외, 복숭아, 배, 귤, 심지어 마늘까지 껍질의 영양적 가치가 과학적으로 충분히 입증되었다니 그저 놀랍기만 합니다.

껍질 안에 이렇게 유익한 성분이 존재하는 것은 껍질이 온갖 외부의 척박한 환경으로부터 내용물을 보호하고 지켜내는 역할을 해왔기 때문이라고 합니다.

두텁고 단단한 껍질만이 아니라 만약 얇은 껍질이라도 없었다면 어떻게 되었을까요? 껍질이 없다면 알맹이도 없는데, 껍질은 종종 버려지고 알맹이만 갖게 되지요.

사과의 맛은 과육에 있지만 사과의 본질은 껍질에 있습니다. 한 알의 사과 안에 깃든 오묘한 맛의 이력서는 결국 껍질의 이력서이기 때문입니다.

비유컨대 우리 각자가 인생이라는 사과나무에 매달린 열매라면, 우리는 이 순간 저마다 나름대로 숙성한 사과로 결실을 맺기 위한 삶을 살아가고 있을 겁니다.

최대한 달콤한 맛이 나는 인생이기를 꿈꾸면서 하루하루를 견뎌내고 있는 우리…. 껍질이 없다면 우리 삶도 없습니다. 껍질이 우리의 본질입니다.

날 선 비바람과 뜨거운 햇살 같은 시련으로부터, 해충처럼 우리의 영혼을 갉아먹는 탐욕으로부터 우리를 보호하는 껍질이 기꺼이 되어주신 분이 주님이십니다.

그분이 계시기에 내가 오늘 여기 삶의 나뭇가지에 매달려 살아갑니다. 그분의 눈물겨운 사랑 안에서 보호받고 성장하는 오늘이 놀랍도록 감사합니다.

낙엽이 돌멩이가 아니라서

눈부시게 노랗던 은행잎들도 나무 위에 매달린 숫자보다 땅 위를 뒹구는 숫자가 더 많아 보입니다.
단풍을 배경으로 사진이라도 더 많이 찍어둘 걸 그랬나 싶은 아쉬움은 좀 더 따뜻하게 옷을 입어야겠다는 조바심 앞에서 어느새 희미해져 갑니다.
이런 날 자동차를 몰다 보면, 가끔 앞 유리 위로 낙엽이 비처럼 쏟아져 내리는 걸 경험할 때가 있습니다. 그럴 때는 저도 모르게 영화 속 주인공이 된 듯 분위기에 빠져 음악의 볼륨을 더 크게 올려보기도 합니다.

그러다 문득 엉뚱한 생각이 스쳐 지나갔습니다. 혹시 지금 차창 위로 떨어지는 낙엽들이 모두 돌멩이만큼의 무게를 지녔다면 어땠을까? 생각만 해도 아찔했습니다. 그러면서 낙엽이 돌멩이가 아닌 것에 감사하지 않을 수 없었지요.

대부분 세상 모든 것들은 스스로의 무게를 이기지 못할 때 지상으로 떨어져 내립니다. 그런데 신기하게도 낙엽은 무거워서가 아니라 가벼워졌을 때 대지 위로 내려앉습니다.
무거워서 떨어지는 것, 그것은 추락이라 부르지만, 가벼워서 떨어져 내리는 것, 그것은 자유라 부릅니다.
오로지 위를 향해 오르는 것만이 목적인 사람은 결국 그 욕망의 무게로 추락을 경험하지만, 버릴 줄 아는 사람은 비로소 한 자리에 얽매였던 속박에서 벗어나는 기쁨을 맛봅니다.

가벼운 것은 떨어져도 누군가에게 상처를 주지 않지만, 무거운 것은 조금만 높은 곳에서 떨어져도 누군가에게 위협이 됩니다.
겨울이 오기 전, 제 영혼에 달라붙어 있는 욕망의 잎사귀들이 돌멩이가 아닌 낙엽이 되어 떨어져 내리는 행복한 만추를 보내고 싶습니다.

세상에서 가장 따뜻한 순간

"'러브LOVE'라는 단어의 뜻이 무엇인지 아세요?"
커피를 마시며 담소를 나누다 한 사람이 건넨 이 질문에 그 자리에 있던 사람들 모두가 어리둥절해졌습니다. 누구나 아는 단어의 뜻을 새삼 묻는 그 의도를 잘 몰라서였지요.
그는 한 심리학자가 소개한 'LOVE'의 뜻을 들려주었습니다. 철자 하나하나에 네 개의 심오한 의미가 숨어있다는 것입니다.

L: Listening(경청)

O: Openness(관대함)

V: Verbal Expression(말로 표현하기)

E: Effort(노력)

사랑의 본질을 이보다 간단명료하게 정의할 수 없을 것 같다는 생각이 들어 저도 모르게 고개를 끄덕이지 않을 수 없었습니다.
누군가를 사랑한다는 것은 그 사람의 말 한 마디 한 마디에 진심으로 귀를 기울이는 일이고, 열린 마음으로 그 사람을 바라본다는 뜻일 겁니다.
마음에 숨겨두기만 하는 것이 아니라 다정한 언어로 마음을 전하고 늘 서로가 끝없이 노력해야만 가능한 것, 그것이 사랑일 것입니다.

사랑한다면서 자기 말만 하기에 급급하고, 자기 방식대로 되지 않는다고 불평하며, 부드러운 말 한마디에도 인색하고, 늘 옆에 있다고 어떠한 노력도 하지 않는다면 그것을 누가 사랑이라 느낄까요?
옷깃만 여민다고 추위가 사라지는 건 아닐 겁니다. 옆에 있는 가장 가까운 사람들을 진심으로 사랑하는 바로 그 때가 세상에서 가장 따뜻한 순간입니다.

한 뼘의 사랑으로

좁은 공간에 사람이 너무 많으면 마음의 균형을 잃기 쉽습니다. 답답하다는 느낌은 기본이고 별것 아닌 사소한 움직임에도 짜증 나기 마련이지요.

출퇴근길의 지하철이 대표적인 경우입니다. 제한된 공간 안에서 낯선 사람들과 촘촘한 간격으로 부대끼다 보면 쉽게 지치고, 나도 모르게 불쾌한 기색을 드러내며 인상을 찌푸리곤 합니다.

그런데 그날 젊은 청년은 달랐습니다. 흔들거리는 지하철 안에서 자기 자신보다 다른 사람의 불편함에 더 먼저 눈길을 주었기 때문입니다.

피곤에 지친 한 할머니가 꾸벅꾸벅 졸면서 청년 앞에 서 있었습니다. 그 모습을 보니 손잡이 기둥에 잘못하면 머리가 부딪힐 것 같았지요.

청년은 자신의 손바닥을 살며시 쇠기둥에 올려놓았습니다. 아니나 다를까 잠시 후 할머니 머리가 그의 손등으로 떨어졌습니다.

복잡한 틈바구니 속에서 그렇게 할머니는 청년의 손등을 베개 삼아 단잠에 빠져버리고 말았지요. 그런 할머니를 지그시 바라보는 청년의 표정이 참 따듯했습니다.

이 감동적이고 아름다운 이야기는 실제로 중국 지하철에서 있었던 일입니다.

마음의 여유를 잃고 조금씩 지쳐갈 때 우리에게 필요한 것이 정작 무엇인지 그 청년의 모습을 통해 깨닫습니다. 으리으리한 집이나 자동차 혹은 높은 명성이 아니라 그저 한 뼘의 사랑으로 충분한 것을요.

자신만의 문을 단단히 잠그고 두 주먹을 꼭 쥔 채 거리를 나선다면 세상이 얼마나 춥게 느껴질까요?
주변을 한번 둘러보세요, 나의 작은 사랑이 닿을 수 있도록….

보푸라기 제거하기

두툼한 옷들의 소재는 다양하지만, 그래도 털 스웨터만큼 따뜻한 옷도 없을 겁니다.
그런데 보온성이 높은 이 스웨터에는 한 가지 문제점이 있습니다. 입으면 입을수록 자꾸만 지저분하게 보푸라기가 생긴다는 것입니다.
손으로 하나하나 떼어내자니 시간도 많이 걸리고, 그렇게 한다고 해도 깔끔해지는 것이 아니라서 늘 마음이 찜찜했지요.

보푸라기 제거기가 인기 있는 상품 중에 하나인 것만 봐도 사람들이 얼마나 보푸라기 때문에 스트레스를 받는지 충분히 짐작이 갑니다.
보푸라기가 일어나는 이유는 주로 '마찰' 때문이라고 합니다. 옷의 표면이 자꾸 다른 부분과 스치게 되면 그 마찰로 가느다란 털들이 서로 뭉쳐져 결국 작은 덩어리가 된다는 거지요.

그러고 보면 꼭 옷에만 보푸라기가 생기란 법은 없는 것 같습니다. 우리 마음에도 종종 보푸라기가 일어나기 때문입니다.
타인과 마찰을 일으키면 일으킬수록 갈등이 생겨나고, 그 갈등이 뭉쳐 마음에 작은 응어리들이 쌓이게 됩니다. 옷이야 보푸라기 제거기를 사용해서 어느 정도 걷어낼 수 있다지만, 우리 마음에 생겨난 보푸라기들은 무엇으로 깨끗하게 제거할 수 있을까요?

잠들기 전 주님께 기도를 올리는 것은 보푸라기를 없애는 일과 같습니다. 주님 앞에서 나를 진솔하게 돌아보게 되면, 내 영혼은 시나브로 단정한 옷으로 갈아입고 한결 더 따스해집니다.

아름다운 지각

성탄절이 다가올 때마다 떠오르는 이야기 하나가 있습니다.

평생 세 번씩이나 중요한 순간에 일이 꼬여 기회를 놓친 사람이 있었습니다. 루비와 청옥, 진주를 예물로 준비하고 아기 예수님을 경배하러 길을 떠났던 네 번째 동방박사 '알타반'이 바로 그 이야기의 주인공입니다.

첫 번째는, 세 명의 동방박사와 만나기로 한 장소로 가는 길에 피를 흘리며 죽어가는 사람을 만나게 된 알타반은 루비를 팔아 그를 돕다가 베들레헴에 늦게 도착하여

아기 예수님을 뵙지 못하게 된 것입니다.
두 번째는, 그래도 포기하지 않고 아기 예수님을 뵙기 위해 이집트로 향해가던 길에서 발생합니다. 군사들로부터 죽을 위기에 처한 갓난아기를 발견하곤 그들에게 청옥을 건네주고 아기를 구하느라 시간을 지체하는 바람에 또 그 기회를 놓치게 됩니다.
그리고 마지막으로, 33년의 세월이 흐른 뒤 골고타 언덕길에서 예수님을 뵐 수 있었던 결정적 순간에도 일이 꼬이고 맙니다. 예수님을 뵙기 직전, 매를 맞고 노예로 팔려가게 된 소녀를 보고는 마지막 예물이었던 진주마저 그 소녀와 맞바꾸면서 시간이 지나버린 겁니다.

마흔 살의 나이에 아기 예수님의 탄생을 경배하기 위해 고향을 떠났다가 일흔 살이 넘어 드디어 예수님을 뵙게 된 그 순간마저도, 고통받는 사람들을 돕다가 번번이 그 소중한 기회를 놓친 알타반….
예수님이 그를 알아보고 이렇게 말씀하십니다.

"난 이미 너의 경배를 세 번씩이나 기쁘게 받았다. 네가 약한 사람들에게 베푼 것이 곧 내게 한 것이다. 네가 만난 그 사람들이 바로 나다."

바쁘다는 핑계로 예수님 만나러 가는 길에 늘 지각하기 일쑤인 우리들입니다.
가만히 눈을 감고 알타반의 이 '아름다운 지각'이 들려주는 마음의 울림에 깊이 잠겨봅니다.

복 많이 깨달으세요!

한동안 지인들에게서 온 신년 축하 메시지를 확인하느라 분주했습니다.

새해 덕담이 오고 가는 고마운 마음들을 느끼며 저도 인사를 전했는데, 제가 받은 문자나 제가 보낸 답글이 거의 천편일률적이란 사실에 놀랐습니다.

"새해 복 많이 받으세요."

"하시는 일 모두 성취하세요."

"늘 건강하시고 행복하시기 바랍니다."

사람은 달라도 덕담은 비슷비슷할 수밖에 없다는 생각을 하던 찰나에 정말 독특하고 기발한 문자메시지 하나를 받게 되었습니다.

"새해에는 복 많이 깨달으세요!"

짧지만 그 자체로 소중한 깨달음을 주는 덕담이 아닐 수가 없었습니다. 복을 받는 것과 복을 받고 있음을 느끼는 것 중에 무엇이 더 중요할까요?

복을 받는 건 '행운'을 바라는 것이고, 복을 받고 있음을 깨닫는 건 '행복'을 경험하는 것이라는 생각이 듭니다.

바라지 않아도 주어진 고마운 것들은 생각보다 많은데, 우린 그것들을 종종 잊기에 스스로 불행하다고 생각합니다. 그리고 엉뚱하게 언제 행운이 내게 찾아올까 기다립니다.

매 순간 하느님께서 이미 우리에게 주신 모든 것 그 자체가 은총임을 깨닫는 지혜로 기쁘게 살아야겠습니다.

여러분도 "새해에는 복 많이 깨달으세요!"

바람에는 나이가 없다

해가 바뀌었다고 달라진 건 많지 않습니다. 어제와 오늘의 경계는 달력에 적혀있는 숫자처럼 분명한 차이를 보이지 않기 때문입니다.

그래도 피할 수 없는 변화가 하나 있습니다. 나이를 적어야 하는 일이 생길 때, 어제보다 한 살 더 늘어난 숫자를 써내야 한다는 거지요.

나이가 들어가는 것에 대해 아무리 의미를 부여해도 거울 보는 일이 더 이상 즐겁지 않은 건 사실입니다. 얼굴에 늘어나는 주름살이 종종 마음까지 주름지게 하는 것

또한 부인할 수 없습니다.
문득 세상 모든 것들 중에 나이를 먹지 않는 것이 있을까 생각해 봅니다. '바람'이 떠오릅니다. 어디에서 와서 어디로 가는지도 모를 그 바람 말입니다.
불어오는 듯하다 사라지고, 사라지는 듯하다 다시 불어오는 바람의 나이는 과연 몇 살일까요?

바람과 닮은 삶을 살고 싶습니다. 따뜻하거나 차가울 수 있어도, 약하거나 강할 수는 있어도 멈추지 않고 부는 그런 바람의 한결같은 마음으로 하루하루를 보내고 싶습니다.
살다 보면 숫자에 민감해질 때가 많습니다. 집은 몇 평짜리고, 연봉은 얼마나 되며, 자녀들은 몇 등이나 하는지 남들과 비교하면서 불편한 시간을 보내곤 합니다.
현실을 마주해야 하는 거울을 멀리하고 싶을 때마다 하늘을 보며 바람을 느껴볼 겁니다.
조글조글 주름진 얼굴에 애달아 하기보다 허공을 가르

는 그 신비한 주님의 숨결에 말간 얼굴 내민 작은 수선화처럼 모든 것들을 사랑할 겁니다.

바람은 결코 그 수를 셀 수 없습니다. 무엇에도 매이지 않은 자유로운 바람을 안고 주님을 향해 달려가렵니다. 있는 그대로의 나를 언제나 두 팔 벌려 꼭 안아주시는 주님, 당신 품으로요.

빛, 길이 되다

꽃이 지니 꽃에 가렸던 풀잎이 보이기 시작합니다. 예전엔 꽃만 보느라 정신없었는데 이제는 풀잎에 눈길이 더 오래 머뭅니다.
그중 나무나 땅 위에 핀 것보다 콘크리트 길이나 보도블록 사이로 고개를 든 풀들이 유독 사랑스럽습니다.
머리카락보다 조금 굵어 보이는 풀 한 줄기가 도대체 어떻게 여기까지 왔을까 생각하면 마음이 울컥해집니다.
그 어떤 것도 뚫고 나올 수 없을 견고함을 이기고, 작은 틈새로 들어온 빛을 따라 얼굴을 삐죽 내민 초록들이

기적처럼 다가옵니다.
가만히 그 풀잎들을 보고 있으면 한 줄기 빛이 곧 생명의 길이라는 것을 깨닫게 됩니다. 희미한 빛일지라도, 그 빛을 느낄 수만 있다면 결코 성장을 멈추지 않는다는 걸 말이지요.

이토록 대지의 모든 생명들은 한 가닥 빛에도 섬세하게 응답하는데, 나는 왜 쏟아지는 빛 속에 서있으면서도 그 빛에 대한 감각을 상실한 채 살아가는지 돌아봅니다.
주님께서 조금씩 깨닫고 자라나라고 내려주신 그 생명의 빛을 외면하고, 어둠 속에서 홀로 자신만의 평온함을 누리며, 그것이 곧 행복이라고 착각한 건 아닌지 반성해 봅니다.

닫히고 막혔던 어둠의 길을 빛으로 열어주시는 주님,
빛이 길이 되고, 그 길에서 우리 서로 봄처럼 환한 미소로 만나는 축복이 가득하길 기도드립니다.

주님을 향해 달려가렵니다.

있는 그대로의 나를

언제나 두 팔 벌려 꼭 안아주시는 주님,

당신 품으로요….